艺术文献信息检索与艺术信息素养研究

覃铭添　著

北京工业大学出版社

图书在版编目（CIP）数据

艺术文献信息检索与艺术信息素养研究 / 覃铭添著
. — 北京 ： 北京工业大学出版社，2021.5
ISBN 978-7-5639-7983-7

Ⅰ．①艺… Ⅱ．①覃… Ⅲ．①艺术—信息检索—研究
②艺术—信息素养—研究 Ⅳ．① G252.7

中国版本图书馆 CIP 数据核字（2021）第 116243 号

艺术文献信息检索与艺术信息素养研究
YISHU WENXIAN XINXI JIANSUO YU YISHU XINXI SUYANG YANJIU

著　　者：覃铭添

责任编辑：李　艳

封面设计：知更壹点

出版发行：北京工业大学出版社

　　　　　　（北京市朝阳区平乐园 100 号　邮编：100124）

　　　　　　010-67391722（传真）　bgdcbs@sina.com

经销单位：全国各地新华书店

承印单位：天津和萱印刷有限公司

开　　本：710 毫米 ×1000 毫米　1/16

印　　张：11.25

字　　数：225 千字

版　　次：2022 年 3 月第 1 版

印　　次：2022 年 3 月第 1 次印刷

标准书号：ISBN 978-7-5639-7983-7

定　　价：58.00 元

作 者 简 介

　　覃铭添，女，壮族，出生于 1986 年 8 月，广西南宁人，广西艺术学院图书馆馆员，毕业于广西民族大学管理学院，图书馆学硕士研究生，研究方向为参考咨询和信息服务。工作 8 年来，主持或参与科研课题 7 项，发表学术论文 9 篇。

前　　言

美国著名未来学家阿尔文·托夫勒说："谁掌握了信息，控制了网络，谁将拥有整个世界。"目前，在社会各个领域中，计算机与互联网得到了广泛的应用，并改变了人们的工作、学习和生活方式。为了适应不断变化的环境，人们不仅需要多种知识，更需要掌握发现知识、过滤知识、分析和利用知识的能力，并能把不同的知识融会贯通。因此，信息素养越来越受到各国教育界的关注和重视，它被认为是新世纪人类生存和发展的必备要素。同样，信息素养对艺术专业的学生而言也十分重要。艺术专业的学生掌握文献信息检索技能与提高自身的信息素养是十分必要的。

全书共分为七章，第一章为绪论，主要阐述信息与文献、信息资源的界定、文献检索的重要性以及艺术文献资源的检索等内容；第二章为搜索引擎与应用，主要为搜索引擎概述、谷歌特色检索应用以及百度特色检索应用等内容；第三章为文献信息检索基础，主要为文献信息检索概述、文献信息检索语言、文献信息检索工具、文献信息检索技术以及文献信息检索方法与途径等内容；第四章为艺术类商业数据库，主要阐述了综合型艺术类商业数据库和专题型艺术类商业数据库等内容；第五章为美术文献信息的检索，主要阐述了美术文献的类型与特点，专业美术院校网站文献信息检索以及大型艺术类网站文献信息检索等内容；第六章为音乐文献信息的检索，主要为音乐文献检索概述、器乐作品文献信息检索和声乐作品文献信息检索等内容；第七章为艺术信息素养能力的培养，主要阐述了信息素养及其能力的重要性、艺术信息素养的不同层次以及艺术信息素养能力的培养路径等内容。

为使本书内容更丰富、更多元，笔者在写作过程中对相关理论与研究文献进行了参考，在此向涉及的专家学者表示衷心的感谢。

最后，由于笔者水平有限，加之时间仓促，本书难免会存在一些疏漏之处，在此恳请读者朋友批评指正。

目 录

第一章 绪 论 ·· 1

第一节 信息与文献 ··· 1

第二节 信息资源的界定 ···································· 6

第三节 文献检索的重要性 ································· 16

第四节 艺术文献资源的检索 ······························ 21

第二章 搜索引擎与应用 ······································ 25

第一节 搜索引擎概述 ······································ 25

第二节 谷歌特色检索应用 ································· 54

第三节 百度特色检索应用 ································· 56

第三章 文献信息检索基础 ···································· 59

第一节 文献信息检索概述 ································· 59

第二节 文献信息检索语言 ································· 61

第三节 文献信息检索工具 ································· 66

第四节 文献信息检索技术 ································· 68

第五节 文献信息检索方法与途径 ·························· 76

第四章 艺术类商业数据库 ···································· 82

第一节 综合型艺术类商业数据库 ·························· 82

第二节 专题型艺术类商业数据库 ·························· 92

第五章 美术文献信息的检索 ·································· 101

第一节 美术文献的类型与特点 ···························· 101

第二节 专业美术院校网站文献信息检索 ···················· 105

1

第三节 大型艺术类网站文献信息检索 ·············· 107

第六章 音乐文献信息的检索 ·············· 125

第一节 音乐文献检索概述 ·············· 125

第二节 器乐作品文献信息检索 ·············· 130

第三节 声乐作品文献信息检索 ·············· 143

第七章 艺术信息素养能力的培养 ·············· 152

第一节 信息素养及其能力的重要性 ·············· 152

第二节 艺术信息素养的不同层次 ·············· 161

第三节 艺术信息素养能力的培养路径 ·············· 165

参考文献 ·············· 170

第一章　绪　论

随着科学技术的不断进步，信息技术也随之飞速发展，这也引起了信息的爆炸式增长。因此，对信息与文献进行检索和运用，已经成为人们应该掌握的技能。本章分为信息与文献、信息资源的界定、文献检索的重要性、艺术文献资源的检索四部分。本章主要内容包括信息、文献、信息资源的概念，信息资源的类型，艺术文献资源概述等方面。

第一节　信息与文献

一、信息

（一）信息的含义

在日常生活中，人们可以通过各种各样的途径获取信息，如通过阅读书刊、报纸获得信息；通过与别人交谈获取信息等。不同领域的研究者，从不同的角度对信息进行了研究，得出的理解与解释也不同。因此，现在还没有关于信息的统一定论。通过对这些研究者得出的理解与解释进行研究，我们可以将信息的含义分为广义与狭义两种。从广义的角度上看，信息指的就是自然界和人类一切活动传达出来的信号和消息，是事物表现的一种普遍形式。从狭义的角度上看，信息指的是经过搜集、记录、处理和存储的，能够供检索的文献、数据和事实，是人类对客观事物的认识，是实践经验的总结，是认识的结果，是检索的对象。

（二）信息的作用

1. 信息是人类认识客观世界及其发展规律的基础

信息的认识功能是其最基本的功能。信息是客观事物及其运动状态的反映，是揭示客观事物发展规律的重要途径。客观世界里到处充满着各种形式和内容的信息。人类的认识器官，包括感觉器官和思维器官，对各种渠道的信息进行接收，并通过思维器官将已收集到的大量信息进行鉴别、筛选、归纳、提炼、存储而形成不同层次的感性认识和理性认识。在这一认识过程中，认识论的主客体分别是人类与信息。

2. 信息是客观世界与人类社会发展进程中不可缺少的资源要素

物质、能源和信息是构成客观世界的三大要素，同时对于社会生产与经济发展来说，这三者又是十分重要的资源。在当今信息化社会中，信息资源具有别的资源不具备的重要意义。通过对信息资源进行开发与利用，人类能够对各种资源进行有效获取、分配与使用。对于社会的发展与人类的进步来说，信息资源所发挥的作用越来越重要。

3. 信息是科学技术转化为生产力的桥梁和工具

观察现代工业文明，信息及信息技术无时无刻不在发挥着它传播知识成果、继承和发扬人类文明的桥梁和工具作用。没有观察和实验数据，没有科研报告，没有书刊资料，没有机读信息和电子信息，没有在人类历史长河中不断扩充和增值的知识与智能，就没有当今的社会文明，而这一切恰恰都来源于以某种形式流动着的信息。这些信息既是科学技术自身的体现，也是传播和推广科学技术，使其转化为生产力的工具和手段。

4. 信息是管理和决策的主要参考依据

信息是科学管理的基础。从广义上讲，任何管理系统都是一个信息输入、交换、输出的信息与信息反馈系统。这是因为管理者首先要知道被管理对象的一些基本情况，在一定程度上消除对被管理对象认识的不确定性后，制定出相应的对策，进而实施管理。

5. 信息是国民经济建设和发展的保证

信息作为一种重要资源已经得到了社会的广泛承认。信息可以创造财富，通过直接或间接参与生产经营活动，在国家经济建设的各方面发挥出重要的作用。在工业发达国家，信息经济正迅速发展成为指导现代经济的主要经济，并且对世界各国的经济发展都产生了重大的影响。

二、文献

（一）文献的要素

第一，知识信息是文献的第一大要素。知识就是力量，信息就是财富，有了知识信息，就相当于具备了力量与财富，也就可以做前人没有做过的事情。这也是文献能够经久不衰的根本原因。第二，载体是文献的第二大要素。对于文献来说，载体也是其不能缺少的构成要素。载体能够让无形的知识信息变成有形的物质，让知识信息本身的作用得到充分发挥。第三，文字、符号、图像、视频、音频等是文献的第三大要素，其主要的功能就是将知识信息固定到载体上，让知识信息能够在人们面前得以显现，并且能够让人们对知识信息进行充分的感知与利用。第四，记录是文献的第四大要素。记录能够将文字、符号与载体同知识信息联系在一起，将三者紧密联系成一个相辅相成的有机整体，就可以使文献区别于其他任何事物，成为人类文明的象征与最主要、最有价值的精神产品。因此，记录在构成文献方面所起到的作用是不可替代的。

（二）文献的分类

1. 文献的类型

根据不同的依据可以将文献分为不同的类型，如图 1-1 所示。

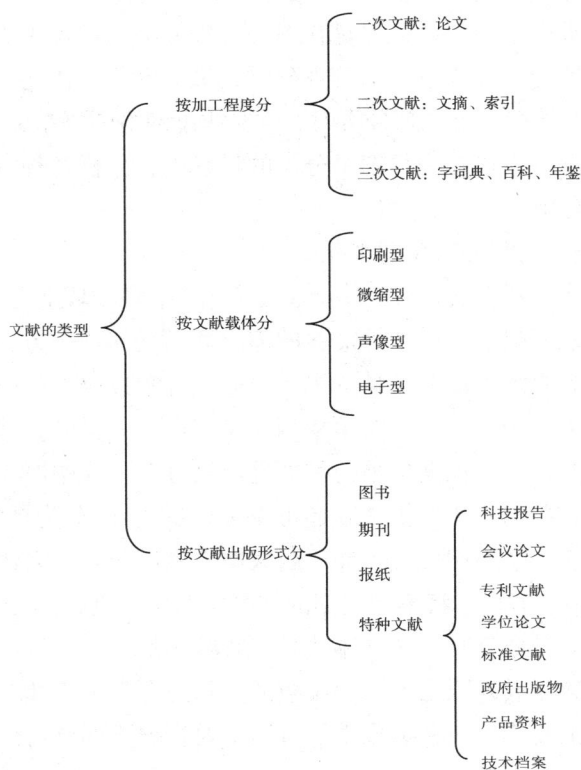

图 1-1　文献的类型

2. 文献分类面临的问题

（1）文献载体形式的多样化

由于信息技术的快速发展，大多数人的阅读方式已经发生了改变，与此同时，图书文献的存储方式也在不断发生变化，原本单一的纸质图书储存，变为现在的多样化的文献储藏方式，纸质、电子、网络已经形成了文献存储三足鼎立的态势，为图书馆的文献资源分类工作带来了一定的挑战。图书馆的管理人员也面临着如何对不同领域的文献资源进行分类，如何平衡不同领域文献资源的数量等问题。目前，现实图书馆与虚拟图书馆共同存在，文献的等级结构、类型结构、经费分配发生了很大的变化，如何对图书馆文献资源合理分类成了图书馆管理人员需要考虑的问题。

（2）文化市场的活跃

文化市场经济的日益发展，使市场中出现了种类繁多的出版物，文献资源的营销手段逐渐增加，各种文献资源的出现导致图书馆购买文献种类的多样性。网络商城等销售方式涌现，出售的文献资源也是良莠不齐，虽然为图书采购人员提供了更多购买图书的渠道，但是在图书管理分类的过程中如何选择权威文献，剔除质量较差的文献成了图书管理分类人员关键的工作之一。网络图书馆的建设，使工作人员在进行文献分类时，也要注重网络图书馆文献的目录划分，这要求图书分类管理人员在进行图书分类的过程中，分析各种资料的可用性，制订合理的资源分类计划。

（3）行业分工与服务对象的细化

由于社会经济不断发展，出现的行业逐渐增加，各项职业逐渐精细化发展。人们的生活质量逐渐提高，对精神文化的需求逐渐增加。一方面，各行业、各岗位的精细化，需要图书馆在文献资源分类的过程中按照不同行业、不同职业进行精细化的分类。例如，在对医学类相关文献进行分类时，首先将相关文献规划到指定的位置，然后根据文献的种类进行划分，分为中医类文献、西医类文献、护理类文献等。对于中医类文献还可以进一步划分，分为针灸类相关文献、草药类相关文献、按摩类相关文献等。西医类文献部分则有人体解剖图、手术类相关文献等。另一方面，将不同类型的文献按照年龄进行划分，如在对图片、画册等文献资源进行划分时，区分哪些是年龄较小的儿童应读的文献。世界名著的分类有少年版与成人版之分，少年版的文献适合学生阅读，成人版的文献适合社会各界人士阅读。在文献分类的过程中要根据不同读者的特征对文献摆放位置进行调整，幼儿文献区域的文献摆放位置要适合幼儿拿取，位置摆放应该较低一些。

（4）文献分类方法的多样性

因为网络信息技术的发展，虚拟图书馆与现实图书馆并存，同一本图书有着不同的属性，如何对图书设定目录，也是图书文献资源分类工作的重要方面。在虚拟图书馆中，文献资源的查找可以使用关键词搜索法、学科范围搜索法等。在现实图书馆中也可以使用信息设备，将不同的文献进行编号，输入信息化的系统中，读者通过设备查找，直接找出文献所在位置。这要求图书馆对文献分类的电子设备投入一定的资金。

3.文献合理分类的措施

（1）提高文献资源分类人员的专业素养

文献分类人员要具有较高的专业素养，相关机构要对文献分类人员进行定期的培训，不仅要求文献分类人员掌握传统的文献分类方式，还要求文献分类人员了解信息化的工作系统。文献分类人员要根据社会的发展情况，及时更新图书馆文献分类的目录，为社会各界提供及时完备的馆藏信息。

（2）增加文献资料分类的层次性

在图书馆文献资料合理分类的过程中，首先，文献的类型要丰富，由于信息技术不断发展，出现了越来越多的教学资源，如微课、慕课、课件等，在图书馆文献资源分类的过程中，要将这些资源纳入其中，构建更加丰富的文献分类体系。其次，在进行文献资源分类时，要针对不同年龄段的读者进行文献资源分类，在文献查询过程中，读者可以根据自己的年龄选择适合自己的文献资料进行阅读。

（3）调整文献资源的分类结构

图书馆文献资源在分类上要做到宏观与微观相结合，重点学科与其他信息文献相结合。在宏观上，文献资源可划分为科学类与人文社科类文献资料。设定大方向后，结合文献的性质，按国家对文献整理的相关规定进行文献编目工作，将不同的文献归纳到图书馆中的不同位置。报纸、期刊有学术性、社会性、娱乐性等不同类型，要按照国家规定以及图书馆实际情况进行文献标记工作。这样既方便了文献资源的管理，又能帮助读者快速找到自己需要的文献资源。

第二节 信息资源的界定

一、信息资源的概念

从资源的角度严格来看，并非所有的信息都是资源。只有经过人类开发、组织与利用的信息才能称为信息资源。信息资源的定义大致可以分为狭义与广义两种。狭义的信息资源是指人类社会经济活动中经过加工、处理、有序化并大量积累起来的有用信息的集合，如市场、财经、科技、气象、地理、社会发展以及政策法规信息等。广义的信息资源是人类社会信息活动中积累起来的信息及其信息生产者和信息技术等信息活动要素的集合。

二、信息资源的类型

（一）从信息资源来源领域的角度划分

1. 信息的来源

根据信息的来源不同，信息资源主要分为两大类。

（1）内部产生的信息资源

内部产生的信息资源，即政府组织、公益机构、中介团体、企业等组织的内部人员在工作中撰写、编辑的信息，形成的文档、课件，拍摄的图片、画面，制作的表单、数据、节目片段，录制的影音作品、课程资源，形成的医疗报告数据，设计开发的软件，制定的规章制度等。

（2）外部产生的信息资源

外部产生的信息资源，即从组织外部获取的、符合组织业务和发展需要的信息资源，如各种文本的图书、期刊、报纸、参考资料、科技知识资源、科研论文资源，各种数据库、节目素材、成品节目，以及互联网资源等。

2. 信息的生产领域

根据信息的生产领域不同，信息资源主要包括以下几类。

（1）政府组织信息资源

政府组织信息资源，指政府拥有的信息资源。包括政府部门产生的信息和政府部门收集的信息，前者主要指政府在办公业务中产生的记录、数据、文件等，后者主要指政府组织根据需要从外部采集的信息、数据等。

（2）公益机构信息资源

公益机构信息资源，指进入公共流通领域，由公益机构管理和向公众提供的教育、科研、文化、娱乐、生活等领域的信息资源。

（3）中介团体信息资源

中介团体信息资源，指社会中介团体拥有的信息资源，包括中介团体产生的信息和中介团体收集的信息，前者主要指在中介服务业务中产生的记录、数据、报告、文件等，后者主要指中介团体根据需要从外部采集的信息、数据等。

（4）企业信息资源

企业信息资源，指企业拥有的信息资源，包括企业产生的信息和企业收集的信息，前者主要指企业在各种业务活动中产生的记录、数据、报告、表单等，后者主要指企业根据需要从外部采集的信息、数据等。

（二）从信息资源整合共享的角度划分

从信息资源整合共享的角度进行划分，信息资源主要可以分为以下几类。第一，新闻信息资源，主要是新闻媒体在全天不间断的时事报道过程中产生的新闻时事信息，包括反映社会当前发展情况的内容，具有很强的新闻性、时效性、舆论导向性。尤其是对某些时事的深度报道和评论，对党和国家的方针政策的宣传与报道，都能引起社会的广泛关注，形成舆论导向的力量，进而影响社会生活的各个方面。第二，科普传承资源，主要是期刊、图书与音像出版单位，数字图书馆、广播影视机构以及媒体网站等出版和发行的科技、文化、学术等方面的知识资源。第三，娱乐互动资源，主要是广播影视机构、媒体网站和移动媒体运营机构制作、发行和播放的各种广播影视剧目、综艺节目、音乐、体育、时尚、休闲、消费等方面的娱乐节目产品。第四，学习体验资源，主要是教学图书出版单位、音像出版单位、广播影视机构、医疗服务机构以及专业的媒体网站等出版、发行、传播的教育教学、学习体验和医疗保健等方面的信息资源。第五，商业广告资源，主要是商务公司、广告经营单位等，利用报刊、广播影视、手机媒体以及网站等传播渠道所刊发或传播的各种商业资讯、消费信息和广告内容等。

（三）从信息资源开发利用的角度划分

从信息资源开发利用的角度，对信息资源的类型又有不同的划分，体现在以下三个维度。

1. 信息的开发程度

以信息的开发程度为划分依据，可以将信息资源划分为以下几种类型。

（1）零次信息资源

在信息流动过程中没有经过加工和组织的信息资源，如一些原始数据、拍摄的场景、活动的情景等，就是零次信息资源。

（2）一次信息资源

将零次信息资源当作基础，对有关自然状态和社会表象的信息以及大脑存储的信息进行粗加工，经过各种方式表达的信息资源，如初次统计表、课件、新闻、拍摄的图片、录制的谈话、摄制的影像片段、资料汇编等，就是一次信息资源。

（3）二次信息资源

对一次信息资源进行加工整理以及提炼压缩所得到的产物，如对一次信息资源进行编目、做摘要，或者组稿、深度报道，制作的游戏、影视动画、综合频道节目，合成的多媒体课件、分类广告等，就是二次信息资源。

（4）三次信息资源

采用一定的方法，智能化存储、有序化以及再加工大量的信息资源，产生的系统化、平台式成果，如建立新闻信息数据库、节目资源数据库、信息搜索平台、商务交易平台等。

2. 信息的开发目的

按信息的开发目的不同，信息资源主要可以分为三种。第一，商业性信息资源。商业性信息资源是由商业机构、中介机构或其他机构，以市场化方式收集和生产的各种信息资源，其目的是营利。第二，公益性信息资源。公益性信息资源与商业性信息资源的根本区别在于，公益性信息资源是不以营利为目的而生产和收集的、在公共流通领域向公众开放的信息。第三，保密性信息资源。保密性信息资源是出于保密的目的而收集、生产的信息，因为某种原因不能公开，或在一定的时限内不予公开。

3. 信息的产品形态

按照信息的产品形态不同，信息资源主要分为以下几种。

（1）纸质材料信息资源

各种纸质材料信息资源，包括各种稿件，如书稿、新闻稿，收集的各种文献资料、文档、笔记，以及各种印刷品，如图书、报纸、期刊等。

（2）电子信息资源

各类电子信息资源，包括在工作过程中产生的电子文档，如编辑的新闻、制作的课件资料、形成的研究材料、医疗报告、工作报告、账单报表等，拍摄或录制的图片、影像，或有再利用价值的片段素材，待播出的自成单元的节目、音乐等。

（3）多媒体数据库信息资源

多媒体数据库信息资源，指经过一定有序化和专业的整理、分类的文档库、稿件库、素材库、节目库、论文库、图片库、音乐库、影像库、书目库和综合数据库等，以及可以出版发行的电子图书、期刊、报纸、多媒体音像出版物等。

（4）网络平台信息资源

网络平台信息资源，如综合性门户网站、商业网站、电台电视台网站及其他的互联网网站提供的信息产品和信息服务平台等。网络平台是超大型的综合性信息资源产品，同时，网络作为信息资源平台还能提供多种信息服务。目前，互联网服务中商业价值较大的信息搜索业务和电子商务业务还只是网络信息资源开发利用中比较浅层次的内容。随着互联网技术和应用的不断创新，基于互联网的信息资源产品和信息服务将会更加丰富。

三、信息资源的开发与利用

（一）信息资源开发与利用的含义

信息资源的开发与利用分别指的是提供方与用户的行为，因此，通常人们都会将其看成一个复合概念。信息资源的开发与利用是信息服务部门通过对各种信息资源的多层次加工、整理，将其中蕴含的、适应读者需求和社会发展需要的、有价值的信息和知识加工提炼出来，使静态的信息资源转变成为知识、情报、信息流，以一定形式和通过一定媒介传递给读者，使之在人类的社会实践、经济建设和科技活动中发挥作用的过程。

（二）信息资源开发与利用的评价

1. 网络电子信息资源开发与利用评价

随着网络的兴起和信息技术的发展，通过网络获取信息资源逐步发展成为一种重要的信息获取方式，在传播的广度、深度、速度上较传统的信息资源获取方式有一定的优势，成为近年来的研究热点和关注点。在有关网络信息资源利用效率评价的研究中，早期以问卷调查的研究方法为主，从互联网信息的利用状况、资源质量状况和提高利用率的改进建议三个方面做出讨论和分析。在之后的研究中，熊晓元利用"TAM/TTF整合模型"来描述消费者的信息使用行为，结合投入产出分析模型，分析出外部环境因素、网络信息内容及质量、网站功能及属性三大因素直接或间接影响信息用户的使用态度、行为意图，并最终影响其使用行为。针对大学生这一特殊群体，李晓艳从专业知识数据库的权威性、搜索引擎的全面性以及二者相结合的全面性方面评价了大学生常用网络信息资源的质量，为大学生高效利用网络信息资源做出了科学的指引。此外，互联网环境下信息的来源性不明，价值性、有效性难以判别等因素，引出网络信息的可信度感知的问题，朱宁等从信息源及信息内容的可信度入手，利用模糊－层次分析法，认为网络学术信息的可信度应从相关性、客观性、准确性、权威性、时效性、可证实性等方面考察。

2. 政府信息资源开发与利用评价

要加强对政府信息资源的开发与利用，首先应该对政府信息资源开发与利用的水平有一个科学的评价，陈玉龙提出的对政务信息资源的开发活动和对政务信息资源的利用活动从方面层出发，分别按照领域层、表现层进行划分，直至细化到指标层四个层次的政务信息资源开发与利用，推动管理工作进程。刘强则参考电子政务绩效评价方法，运用德尔菲法建立了政府信息资源开发力度、利用水平、保障措施三个一级评价指标，并进行了实证研究。从纵向来看，政府部门信息资源利用评价方法多以绩效评价为主，杨秀丹等以信息资源生命周期理论为基础，将信息资源生命周期划分为六个阶段：规划、采集、处理、传播与使用、存储与维护、处置与销毁，评价各个阶段组织的利用成熟度等级，顺应了信息工作流完整性和持续性的特点，对于政府信息资源的开发与利用具有一定的指导作用。

3. 图书馆档案信息资源开发与利用评价

山东黄河信息中心姜华等人利用数据挖掘之灰色聚类算法对单位八个科室部门的通信档案收集、整理、鉴定、保管、利用和统计六个指标进行量化打分，小规模地评价其档案资源利用情况，对相关组织单位有一定的借鉴作用。针对西北地区高校图书馆的发展情况，胡渊认为资源分布过少、缺乏共建共享机制、经费短缺、特色资源建设不足、用户教育欠缺等是影响西北地区高校图书馆信息资源利用率的主要因素。在图书馆电子资源利用效果方面，晋晓强从图书馆、用户和数据服务商三个角度构建了评价体系。黄奇奇等从推荐学术站点的角度，对我国24所985高校图书馆服务现状进行调查分析，认为高校图书馆应该适应经济社会的发展需求，注重学术站点的开发利用，加强对网络信息资源的筛选和判别，为用户提供科学指导。周彩英认为加强对档案信息利用评价的研究，有利于提高服务活动的质量，具有导向激励和规范的作用，因此基于层次分析法和模糊综合评判法对其进行了综合评价。

4. 医学医疗部门信息资源开发与利用评价

张玢等人调查了医疗科研人员对网上医学信息资源的利用和评价情况，采用自行设计的调查问卷，对调查结果进行分析认为，由于许多医学研究机构、医学院校等相继推出医学搜索引擎和指南，使互联网上医药信息资源与日俱增，广大科研和医务人员获取医学信息的方式从传统的"浏览期刊"转变为"检索互联网"。此外，相关研究文献以收集、整理互联网上药学信息资源的代表网站、搜索引擎、专业数据库、学术会议信息、期刊资源等为主，供医药科研、教学和医务人员参考使用。

5. 信息资源开发与利用单一属性评价

单纯从信息资源方面评价的研究较少，李楠针对信息资源公益性开发利用公共参与这一属性，从不同组织机构入手构建评价指标体系，以提高信息资源公益性开发水平，建立一套科学合理的评价体系。学科信息门户作为一种新兴的信息服务平台，为用户提供便捷和统一的信息检索和服务入口，作为提供更专业的信息资源利用工具，应从门户资源内容、资源形式、信息服务、信息人员、信息整理归类等方面进行评价，更好地体现信息门户的"专、精、深"的特点。现如今有关学科信息门户的理论和方法还不成熟，亟须构建一套资源评价体系来指导信息人员，进而推动学科信息门户资源评价工作的开展。

（三）信息资源开发与利用的对策

1. 重点建设数据库资源

（1）加强横向联合，发展大型数据库，推进其商品化进程

人类已经迈进信息时代，一个国家的国民经济建设会受到信息资源开发和利用程度以及数据库完善程度的直接影响。基于我国缺少大型文献信息数据库这一现实，各大主要建设单位在国家和政府统一协调下联合起来，针对本单位所负责的学科，发挥自己的优势，为不同学科建设大型的数据库，同时推动数据库向商品化发展，进而实现"以库养库"。

（2）加强数据库标准化建设，提高数据库质量

一个国家建设数据库的水平，决定了数据库的标准化程度，同时影响其后

期数据库的建设。从目前看，我国已建成数据库的标准化程度仍然是比较低的，不具备较高的兼容性，所以国家需要在建设数据库方面设定统一标准，为后期数据库建设提供参考。如果数据库建设有一个统一的技术标准，那么数据库工作也就越来越顺畅，数据库通用性提高。与此同时，将网络查询等技术充分利用起来，为数据库顺利提供服务打下基础。另外，数据库要想共享各种资源，就必须把本国网络和外网连接起来，从而发展壮大，实现数据库的不断更新和扩充。

2. 重视信息人才引进与培训

信息资源的有效开发和利用，信息产业的大力发展需要大量的人才投入。在信息人才培养上，要引进与培训并重，大胆引进通信网络、计算机方面专业的人才，对他们进行图书馆专业及情报方面的专业知识培训，使其熟悉图书馆情报方面业务，适应信息化建设需要，满足信息资源的开发和利用要求，提高信息服务的质量。

3. 建立与推广信息资源保障体系

（1）信息资源保障体系的理论建设

第一，深化并完善新时代信息资源保障体系理论框架。信息资源的理论研究在国内外都有着长期的积淀，然而随着全球信息化的加速，大数据、云计算、物联网、人工智能、区块链、5G 等新技术不断涌现，全球信息资源的数量、规模、媒介、格式、生产手段、采集渠道、保存方式等都发生了巨大的变化，人们利用信息资源的方式、需求与期待也随之改变。这导致许多过去的信息资源经典理论无法适应今天的新信息技术环境，对信息资源的增长、组织、服务、利用、评价等客观规律的描述出现了失效或部分失效的情形，因而难以指导当代和未来的信息资源保障体系的建设工作。本书立足于此，将从宏观上重新定位信息资源保障体系的理论框架构成、关键支撑理论、重点领域、发展方向及建设价值，以适应新信息技术环境与新时代业务实践的新变化为目标，针对我国信息资源保障体系亟须重构的理论及实践，批判、吸收、改进和融合古今中外相关理论与研究成果，在国家战略需求、科研需求和社会需求的指导下，以宏观的、跨学科的理论视角，最终构建新时代信息资源保障体系理论框架，从而指导我国信息资源保障体系的建立和完善。

第二，突破现有信息资源保障体系研究的不足与局限。目前，学术界关于信息资源保障体系的研究成果颇丰，但是研究主题各自独立，相互之间衔接度欠缺，有些研究领域处于不充分甚至空白的状态，尚未形成一个全面系统性的研究体系。我们应改变当前信息资源保障体系主体研究不足、信息资源建设保障研究不均衡、信息资源服务保障研究相关成果较少的现状，力图解决信息资源保障体系的老问题和新问题，在原有理论及经济学、社会学等理论基础上综合形成新的理论框架，全面梳理信息资源保障体系研究的背景、目标、内容、方法与途径、成果与评价。

第三，逐步建立适用于我国信息资源保障体系的实践发展与效益评价的理论。理论来源于实践同时又反作用于实践，信息资源是知识型、智慧型社会的战略性资源，是衡量国家综合实力的重要标志之一，信息资源的争夺成为国与国之间竞争不可避免的发展趋势。当信息资源成为战略资源，那么它就成为全球抢占的资源，建立信息资源保障体系能够为经济社会发展提供环境与支撑条件。新时代信息资源保障体系重构研究的主要目的是指导和推动我国信息资源保障体系的建立，最终实现信息资源共建、共知、共享，以使其发挥最大的社会效益和经济效益，为我国的经济、科技、教育、文化服务。

（2）信息资源保障体系的建立

第一，合理解决现有信息资源保障体系存在的问题。由于现有研究存在主体缺位、服务保障研究不足、研究不均衡等问题，因此目前已有的信息资源保障体系亦存在颇多问题。既有信息资源覆盖面不全（如送缴本不全）等传统问题，也有纸质信息与电子信息（或数字信息）过多重复、电子信息（或数字信息）建设尚未形成一套规范和长期安全存储等新问题。我们应立足于全新的知识管理理念，将传统的纸质信息资源管理思想扩展到纸电资源一体化的管理思想，将从具体场景研究保障体系扩展到从技术、管理、人文等全方位的研究，在理论研究的基础上突出应用特色，针对现存问题开展具体研究，在妥善解决现存问题的基础上构建全新的信息资源保障体系。

第二，搭建科学合理的信息资源保障体系运行机制与组织架构。虽然信息资源的共建、共知、共享已在相关各界达成共识，目前我国也建立了多个信息资源保障体系，但不同系统保障体系之间的交流仅停留在一些基础业务上，其协调建设、联合服务的程度仍较低，更缺乏面向智能化时代的战略架构和顶层设计。要建成覆盖全国、横跨各行各业的信息资源保障体系，必须要有强有力的组织架构。应该搭建一个融合理事会模式和实体组织机构模式的混合模式，突破传统不同系统各自为政的壁垒，以直接领导全国性的信息资源建设，合理规划信息资源建设布局，厘清不同系统、不同机构的定位，构建层次分明、联系紧密的国家及地区信息资源网络，并制定行之有效的相关法律、法规及工作制度，定期出台适用于实际业务工作的相关政策，建立标准化的业务体系，建立科学客观的资金预算与控制机制，真正做到"统筹规划，国家主导；统一标准，联合建设；互联互通，资源共享"。构建信息资源保障体系时，将从资源建设、组织管理及资源服务三个层面形成相应的运行机制，采用行政手段、经济手段、奖励手段等多种方式规范相关机构的业务运行，整体调控保障系统的运作，并充分调动系统内成员的积极性、主动性，建设一支专业规范、充满活力、高效精干的从业人员队伍，以保证信息资源保障体系的正常运行并不断优化。

第三，探索面向智慧服务的信息资源服务保障体系。信息资源服务保障体系是信息资源保障体系的重要组成部分，目前对信息资源服务保障体系的研究成果较少，多数结论从宏观角度出发，停留在理论层面，对于实际运行中存在的问题，如运行模式、目标定位等论述不够充分。且智慧服务成为现有服务研究的焦点，建立面向智慧服务的信息资源服务保障体系也成为未来的发展方向。对此，具体探索面向智慧服务的信息资源服务保障体系，要从理论角度研究服务体系扩展到从技术、经济、管理等全方位研究，注重运用区块链、云计算、人工智能、机器深度学习等多种新技术创新信息服务方式和手段，以用户需求为导向，提高信息资源的开发和利用水平，最终构建一个高效精准的全端流程化服务模式。

第四，开展基于重构逻辑的信息资源保障体系示范性实践。信息资源保障体系由几大要素所组成，对这些要素进行解构，分析子要素之间的联系、子要素与内外部环境之间的联系，从保障体系框架与构成、资源采集、组织架构、管理制度、服务流程、服务机制、服务模式、应用场景等多方面进行示范性实践，并对其中具有代表性的保障实践进行详细的案例分析，建立相应的信息服务案例专题数据库。前期的数据库内容主要包括信息资源保障体系示范性实践数据、相关标准化建设数据等，待条件成熟后继续完善、拓宽数据库的内容与范围，最终建成覆盖信息资源保障体系建设各环节的基础数据库，为我国建设全国性的信息资源保障体系提供切实的信息资源保障。建立专题数据库，有利于我们对实际的信息资源建设情况、信息服务保障情况、组织运行情况等全流程进行监控与分析，也能有效检验已构建的信息资源保障体系的合理性、可行性、指导性。

第五，构建科学有效的信息资源保障的评价体系。构建覆盖全国、横跨各行各业的信息资源保障体系，涉及图书馆、档案馆等多个系统、多个行业、多个层面，要有效提高各机构协调发展的效能、动态跟踪各机构的具体工作，需要建立一个全面、科学、合理的信息资源保障评价体系，其内容需包括评价主体、评价客体、评价目的、评价方法、评价标准及具体指标体系以及评价制度，以灵活评价不同系统、不同环节、不同机构的具体工作。与评价相关的现有研究主要集中于信息资源建设评价，少有关注对整个信息资源保障体系尤其是实践效益的评价，但这恰恰是建设信息资源保障体系不可缺少的一部分。构建一个全面、科学、合理的信息资源保障的评价体系，并对信息资源保障体系实践所取得的效益进行精准、客观的评价，在评价实践中合理调整评价体系框架，最大限度地提高评价体系的适用性、科学性，进一步完善信息资源保障体系的构建。

第六，构建覆盖全国的信息资源保障体系。信息资源是国家战略性资源，在知识经济时代，无论是国家宏观层面、区域性中观层面，还是各机构、信息用户个体微观层面，信息资源的作用都被提升到前所未有的高度。因此，信息资源保障体系的建设是具有战略意义的社会工程，是服务于国家总体战略的必要准备，是建设创新型国家的基础环节，是满足社会需求、推动社会发展的重要推手。

（3）促进信息资源保障体系的推广

第一，推动社会信息化进程，提高各领域发展水平。随着新信息技术环境的到来，信息化对我国国民经济和社会发展的方方面面都产生了广泛而深入的影响，并与工业化、城镇化和农业现代化共同构成了我国经济社会发展的重要动力。信息化建设的一个重要内容就是促进信息资源的共建共享，保证信息畅通和提供高质量的信息服务，确保社会信息资源需求得到充分保障。

第二，适应国家战略需要，推动新兴产业可持续发展。在当今国际舞台，信息资源作为一种重要的生产要素和资产财富已被越来越多的国家所重视，我国也不例外。我国已经将信息资源的开发利用提高到国家战略的高度。因此要增强国家在信息资源建设、数据库等基础设施建设和信息化建设上的能力，加强信息资源创新平台建设，推动中国特色信息资源保障体系构建。具体而言，要打破传统的保障思路和理念，重构一套全国范围内的保障体系，这也是推动科技创新平台建设的重要手段，是建设创新型国家的必要举措。对于战略性新兴产业而言，科技创新是关键，而完善信息资源保障与服务模式则有助于提高信息资源利用率，增强信息资源保障能力，辅助新兴产业中的科学决策，从而有利于战略性新兴产业的培育和发展，对于推动经济社会的全面协调和可持续发展均有重要战略意义。

第三，满足层次化用户信息需求，为用户提供个性化体验。信息资源保障体系建设要以读者和用户为核心，要最大限度满足用户群体的最广泛的信息需求，并且不受时间和地点限制。随着社会发展，人们的物质生活水平不断提高，精神文化需求也日益呈现出复杂化、多样化的特征。由于用户群体在心理因素、知识结构、个人素养等方面存在差异，其对于信息资源的需求呈现出不同的范围和层次。相应地，各类信息机构也应该有针对性地为用户提供层次化、个性化以及多样化的信息服务。

第四，营造良好的科研环境，为国家创新体系提供信息资源保障。在知识经济时代，信息资源的重要性是不言而喻的，且地位逐渐凸显。新一轮科技革命已经到来，当今世界逐渐向数字化、网络化、智能化方向转变。为顺应科技创新大势，科研领域也逐渐寻求针对数据密集型科学的新的科学研究范式。我们目前应研究重构和完善我国的信息资源保障体系，提出新的服务模式与体制机制，整合各类信息资源，集中人力、物力、财力，加强数据库建设，优化现有的数据库，进而营造一个良好的科研环境，拓展科研领域的广度与深度，为促进数据密集型科学深入发展和提高科研整体水平，提供稳健和坚实的信息资源保障。

第三节　文献检索的重要性

一、文献检索能够促进学生综合素养的提高

（一）提高阅读效率

1. 读经典

阅读能力在当今社会的重要性不容小觑，一些刚入校的新生，对纸质书籍的阅读并没有一个很明确的认识，对于书籍的选择充满随意性和盲目性。黄琳皓等对大学生的阅读状况进行了总结，认为目前大学生读书少，大多数学生不会选书，缺乏深入思考。若掌握一定的信息检索技能，在互联网搜索引擎上搜索"经典书籍""获奖图书""推荐书目"等，先从这些书籍入手，可以在有限的单位时间内吸收优秀书籍的养分。另外，除了流传下来的经典书籍，一个时代也会有它特有的备受推崇的书籍，借助各学校的图书馆网站搜索图书馆统计的"图书借阅排行榜""热门图书排行榜"等，可以了解校园内的"经典"。就文献的阅读而言，要在若干数据库的几千几万几亿篇文献里找到相关的高质量文献，也有赖于大学生的检索能力，若其有一定的检索技能，会提取关键词，利用逻辑运算符，加上一定的构建检索策略技巧，则可以快速在数据库的相关主题中找到高被引和高下载文献以及顶级期刊文献，这样将大大提高阅读效率。

2. 读专业

在校大学生，因为学业和扩充知识面的需求，大部分时间都在阅读专业相关书籍，可以利用学校的官网搜索、教学网站、论坛等找出该领域专家推荐的关注度相对较高的书籍。当然要想获得更为细化的专业知识，阅读专业数据库的文献必不可少。在数据库中通过某领域发文比较多的作者，检索此专业领域的专家发表文章的情况，或者找到课题组，找出该团队的研究方向，能对课题的开展、发展和后续研究做更好地了解，这些都将大大提升大学生的文献阅读效率。

3. 读最新

知识总是不断更新的，教材也在不断改编，搜索相关领域的"新版""新编"以及各高校图书馆网页上的"新书通报"栏目，可了解最新的图书资讯。将检索时间进行 3 年或 5 年的设定，优先阅读"综述""现状""进展"类文献，都可在较短时间内了解该专题的最新研究动态，为大学生提供新知识、新理论的信息资源帮助。

（二）提高学习力

1. 解疑

学生在校进行专业课学习期间会碰到一些专业的术语、陌生的概念、抽象的定义等，在课堂上未能很好理解吸收的知识点，又没有很好地和教师反馈沟通的时候，若掌握了一定的检索技能就可以通过互联网或者数据库搜索相关概念，以帮助自己更好地理解知识点的脉络，做到将课前预习和课后巩固更好地建立联系，同时进行分析、总结和反思，加深记忆，加深理解，提高学习的效率。

2. 知识拓展

刘咏梅等指出大学生网络行为主要以即时通信、娱乐、购物、新闻浏览等为主，普遍缺乏主动利用互联网搜索解决问题的意识。在"互联网＋"时代，通过检索国家精品在线学习平台、中国顶尖慕课平台、百科网站等，可以检索到与自己专业相关的课程，也可以接触到其他领域的优秀教师的精品课程，可以充分利用课余时间，不断扩充知识面，提升专业素养，还可以发展自己感兴趣的相关社会技能，作为课程学习的补充。对文献阅读而言，通过对检索到的具体某一篇节点文献，引文网络将大大拓展文献量，从参考文献到引证文献，共引文献和同被引文献，就此知识点发散脉络，文献的广度和深度不断扩展，有助于学生了解到更全面的信息。

3. 提出新问题

爱因斯坦指出："提出问题往往比解决问题更重要，提出新的问题、新的可能性，从新的角度去看旧的问题，需要有创造性的想象力。"由此可见提出新问题的重要性。通过大量的网络查询及数据库检索和文献阅读，被动接收信息后再通过内化的学习形成自己的独到见解，发现前人的研究存在的问题、尚未解决的问题，提出质疑和假设，进而回到网络和数据库资源里继续检索去搜寻证据，寻找答案，实现学习与再学习的过程。

（三）提高信息辨识能力

在自媒体时代，大学生身边充斥着海量的信息推送，单位时间内有大量信息进入视线，自媒体人的素质也是良莠不齐，大学生价值观尚属于形成时期，若缺乏思考不加选择地接收信息，将有可能被不实的信息误导。在这样的时代背景下，大学生需要具有批判性思维和独立思考的能力，能对不同信息渠道搜索到的信息进行对比、分析和思考。文献检索特别注重对学生信息素养、思辨能力的培养，在有一定知识储备的条件下，通过查找官方权威网站，利用搜索引擎对已掌握的类似信息进行对比，查找各数据库资源文献进行价值判断佐证分析，可以进行批判性和创造性的学习。

（四）提高科研能力

1. 发现研究点

利用信息检索技能，通过在互联网学术平台和相关专业数据库中的检索，我们可以了解到学科领域的研究动态和发展前沿，再结合自己的专业特长，结合生活实际，检索阅读大量相关文献，找寻交叉研究的空白领域，找寻到自己的科研兴趣，进而开展研究。

2. 科研设计与论文撰写

通过数据库相关主题的检索，可以了解到课题的研究背景和意义以及研究现状，在选择研究方法和手段时，相关主题的优秀硕博论文里的路线和方法可供借鉴，充分利用检索得到的资料，借鉴前人的研究成果，有助于创新性科研课题的设计和论文的撰写。信息素养是全球信息化需要人们具备的一种基本能力，大学生是时代新人，应具备良好的信息素养。在各高校重视信息检索课程的教学大环境下，学生应重视对于各项检索技能的学习，在校期间要有效利用好搜索信息的这把金钥匙，开启资源之门，畅游知识海洋，不断实践，提高快速准确获取自己所需要信息的能力，切实利用好信息技术以有效解决碰到的各种问题，提高自身学习力，在信息社会里实现终身学习。

二、文献检索在学生毕业设计中的作用及利用策略

（一）文献检索在毕业设计中的作用

在毕业设计资料查找的过程中，很多学生是把毕业设计题目复制到搜索栏中，期望找到和自己题目一样的参考资料，这些情况说明文献检索与毕业设计是密切相关的。学生在进行毕业设计中的文献检索时要从大量的文献中迅速、准确地找到与毕业设计题目相关的资料，以便于毕业设计的进行。

1. 文献检索是学生毕业设计的基础工作

在毕业设计前期，学生要通过文献检索掌握与毕业设计题目相关的国内外研究现状，从所收集的大量相关信息中了解他人的研究成果，找出对自己有帮助的研究方法，为自己的毕业设计寻找有价值的论证依据。

2. 文献检索有助于培养学生的创新思维

文献检索不只是培养学生获取资料的能力，还要培养学生处理和利用资料的能力。学生在对文献进行处理和利用的过程中，要能将已有的资料进行分类、总结，并有所发现。通过文献检索所获取的与毕业设计相关的文献资料很容易激发学生的潜在意识，形成完善自己毕业设计课题的灵感。所以综合运用已有知识，并在此基础上进行创新是文献检索和毕业设计相结合的必然结果。

3. 文献检索有助于提高学生毕业设计质量

网络的高速发展，使文献资料数量巨大，检索困难加大。对于文献检索能力的培养有助于学生提高检索质量，缩短检索时间。检索到的资料可以为学生的毕业设计观点提供理论支持，使学生从更高的层面上去研究和论述课题，而不是想当然的闭门造车。

（二）利用文献检索培训提升学生毕业设计质量的策略

毕业设计质量的好坏直接影响到各个部门对本专业教学质量的评价。文献检索培训的目的是从格式及内容两个方面来提升学生的毕业设计质量。在文献检索培训过程中，以毕业设计答辩组为一大组（包括 4 到 5 个毕业设计指导教师所指导的学生），每个毕业设计指导教师所带的学生（不超过 8 人）作为一小组。每一大组按照系室对毕业设计不同阶段的要求分别对该大组学生进行集中讲座培训，而每一小组根据每次培训讲座的内容结合该组学生的具体毕业设计任务，通过教师指导和同小组学生探讨等方式，促进毕业设计相关任务的完成。

1. 毕业设计格式质量的提升

在文献检索集中培训时，培训教师先讲解毕业设计的格式要求，以及如何完成要求，然后以往届毕业设计为例，对其格式中出现的各种问题进行分析，提醒学生避免出现同类问题。各小组的毕业指导教师会对本小组每一个学生提交的毕业设计初稿中存在的格式问题进行批注，要求学生逐条修改。对于不能正确修改格式的学生，毕业设计指导教师会对其进行当面指导，或者让同小组做得较好的学生对其进行指导。

通过文献检索培训，学生对毕业设计的格式要求有了深刻的认识，能按照要求对毕业设计中表格的表头、插图的图名、公式的编号、文字和标题进行编排。从格式上来看，经过文献检索培训之后，学生毕业设计质量的提升还是比较明显的。

2. 毕业设计内容质量的提升

（1）摘要和关键词质量的提升

文献检索培训教师会给学生讲解摘要和关键词的书写要求，并提供几篇往届毕业设计的摘要和关键词，让学生分组讨论这些摘要和关键词是否合理，是否需要修改。每小组的指导教师会让学生根据摘要和关键词的不同组合方式进行毕业设计文献资料查找，让学生体会摘要和关键词对于文章的重要性。另外，在各个小组中，指导教师会组织本小组的学生进行讨论，让每个学生将自己摘要和关键词读给本组其他学生听，看看别人是否能从中理解他此次毕业设计要做什么、怎么做的、得到什么结论。然后，指导教师再给出一定的修改意见。经过文献检索培训之后，学生能从研究的目的、采用的方法、得出的结论几方面来书写摘要。经过培训之后，学生不再是随意书写关键词，而是在毕业设计中寻找核心词汇来作为关键词。

（2）引言质量的提升

在进行文献检索培训时，培训教师会以一个具体毕业设计题目为例，演示如何查找文献资料、如何阅读文献资料、怎么利用所查找的文献资料写出引言，并向学生提出文献检索篇幅和阅读笔记方面的要求。而每一小组的毕业设计指导教师则会批改本小组内每一个学生的文献阅读笔记，指出其不足，给出修改意见，并且要求本小组成员在阅读后进行交流，促使学生对与自己毕业设计相关的国内外现状和发展趋势增进了解。经过文献检索培训之后，大多数学生能综合查找文献，在引言部分介绍自己毕业设计任务的研究背景和目的，指出毕业设计的理论依据、研究方法及研究的意义和前景，使毕业设计引言部分的质量有所提升。

（3）毕业设计主要内容质量的提升

在进行文献检索培训时，培训教师通过一个具体的毕业设计问题，讲解如何从总体设计、机械系统设计和控制系统设计方面提出不同的设计方案，针对不同的设计方案如何进行对比分析并取舍。在毕业设计答辩组中，各小组指导教师会要求每个学生通过 PPT 的形式向大家展示他所提出的不同设计方案，对方案进行对比分析，并说明最终选择何种方案。毕业设计答辩组中所有学生和指导教师都会针对该汇报者的讲解进行提问，甚至会对某些设计方案进行质疑，该汇报者要给予相应的解释。最后指导教师进行总结，提出改进意见，学生针对意见再查找资料进行完善。

经过文献检索培训之后，大多数学生会根据自己所查找到的资料进行综合分析，提出两种以上的设计方案，并对设计方案进行对比分析，选出适合毕业设计题目要求的方案，然后再进入具体设计环节，使毕业设计方案更充实，内容更完善。另外，在毕业设计过程中，学生不再是完全地照抄别人的想法，而是能将自己的想法融入毕业设计中，从而使自己的毕业设计重复率下降，毕业设计质量得到一定的提升。当然，通过文献检索培训，有的学生还将自己毕业设计的内容进行总结修改之后，申请了实用新型专利。这不仅体现出学生毕业设计内容的质量提高，更体现出学生创新思维能力的提升。

第四节　艺术文献资源的检索

一、艺术文献资源概述

（一）艺术文献的概念

文献是记录各门类知识的一切载体，其中艺术文献是指包括造型艺术、音乐、舞蹈、戏剧、戏曲、曲艺、电影电视等艺术门类在内的作品、论著、资料等。艺术文献资源是各类艺术文献及生产、传播各类艺术文献平台的总称。现代艺术文献资源主要包括：传统以纸为介质的图书、期刊等文献信息；各类数字化电子资源及网络资源；艺术作品本身也是重要的文献资源。

（二）艺术文献资源的特点

1. 记录艺术文献的载体多样

记录艺术文献的载体类型繁多、手段多样、差异较大，纸张、胶片、陶骨、布匹、光碟，甚至艺术作品、艺术家本身，都是艺术文献资源的记录载体。除了有书面记录载体以外，很多艺术文献是通过艺术作品本身来记录和表达的。

2. 非书资料的形式丰富多样

文献除了以纸张作为物质载体外，以感光材料、磁性材料为载体的非书资料占有相当大的比重，如录音录像已成了艺术教育和传播艺术作品的重要工具，大型的音像出版物大量问世。

3. 艺术文献类型复杂

艺术学科的分类较为复杂，而且变化繁多。就音乐来说，可以通过时代分为古典、现代；可以通过地域分为欧美、中国；可以通过流派分为摇滚、爵士。而仅按已有各种分类有时还不能完全确定类别，如不同风格的音乐片段，可以通过艺术家的创意自由应用组合创作出新的音乐作品。

4. 艺术作品内涵多维

相比文字记录的书面文献，每个艺术作品所包含的信息有多维，一件美丽的瓷器，它包含的信息除了形状和色彩，以及瓷器表面的图案之外，还有质地、纹理、工艺。它既可以表达出制作者的审美，还可以反映出制作者的技艺。在很多情况下，人们从艺术作品中获得的是直观感受。从维基百科的定义中可以看出，艺术是以创作隐含美学的器物、环境、影像、动作或声音的表达模式，指和他人分享美的感觉，或有情感与意识的人类用来表达既有感知且将个人或群体体验沉淀与展现的过程。艺术作品带给每个人内心的感受，是多样又不确定的。

5. 文献价值的经久性

艺术文献的价值不会随着时间的推移快速衰减，古老的艺术珍品历时越久越受青睐。宋元绘画仍是现代临摹教学的典范；舞蹈家从敦煌壁画中汲取了创作灵感，创作出舞剧《丝路花雨》使中外观众为之倾倒。艺术文献的载体多样、门类繁杂、内涵多维等特点，直接导致艺术文献较其他学科的文献而言更难以收集、整理、保存和复制。就算是书面记录的艺术文献，又因有的文献记录手段多样，而难以通过关键字进行检索。

艺术文献的这些特点长久以来是人们方便获得艺术文献的障碍，直接增加了获取艺术文献的难度。针对艺术文献的特点，了解更多的艺术文献的资源类型和获取途径，是有效获取和利用艺术文献资源的重要方式。

二、艺术文献资源检索的特点和类型

（一）艺术文献资源检索的特点

1. 社会科学文献检索的共性特征

首先，艺术是广义社会科学的一个学科门类，艺术文献具有社会科学文献的基本特征。其次，社会科学各学科之间交叉渗透的现象十分突出。"文史哲不分家"，概括地说明了社会科学学科之间没有严格的界限。某一学科的专业文献往往散布在非该专业的书刊中，彼此融合在一起。

另外，从事艺术学研究离不开对于社会科学其他学科文献的参考和借鉴。因此，艺术类高校文献检索课程应该以社会科学文献检索作为主要内容。社会科学文献分布较分散，内容相交叉，艺术文献往往散布在社会科学其他学科的文献当中。这个现象在古典文献中表现得尤其明显。以《四库全书》为例，艺术文献在经、史、子、集四部当中均有分布。

近年来，学者逐渐把眼光广泛投向了经、史、子、集四部。尤其是集部，其中的别集类、总集类当中，分布有大量画记、画序、画诗、题跋等绘画学文献。此外，书信、论说、碑传、赞颂、赋等文体中，亦有大量涉及绘画学的内容。社会科学文献还具有积累性和继承性强、老化速度慢的特点。这要求教师在课程当中，强调对古典文献的利用和历史资料的积累，重视回溯性检索。

2. 艺术文献检索的个性特点

艺术文献区别于一般社会科学文献的特点，最突出表现在其记录手段多样，文献载体形式丰富。图书文献中除了文字文献，还有大量乐谱、图像资料；除了图书文献，还有大量画作等非书文献；除了纸质文献，还有出土文物、实物资料，以及运用现代科技手段记录的录音、影像资料等。

（二）艺术文献资源检索的基本类型

按照艺术研究的对象及艺术文献资源的基本类型，艺术文献检索可以分为以下几种类型。

①艺术基础知识检索。例如，了解某词的意义，专业名词术语的解释，艺术流派及艺术史论等，一般可以利用工具书、艺术史专著进行查找。

②学术文献检索，检索对象为文献全文或部分。此处文献包含文字、图片、视频等不同的形式，如艺术作品、某一方面的艺术专著或论文等。查找一幅画、一首乐曲、某剧的舞台艺术资料等，这些一般可以利用书目检索、全文检索、图像检索、多媒体检索等途径进行查找。

③事实检索，检索对象为事实或事项。例如，了解人物生平、事件经过等。《历代名画记》的作者是谁？鲁迅的作品有哪些？这些一般可利用百科、知道、新浪爱问、知乎等网络工具进行查找。

④数据检索，检索对象为数据。例如，查找数据和公式，2011年考研进行学校选择，想知道一些往年艺术学院招生的数据。又如，在摄影暗房中工作时，常要查阅配方的数据资料。这些可以利用统计年鉴、信息发布者网站、专业工具书查找。

⑤技能检索，检索对象为处理问题的方法。例如，如何做电子杂志？PS的滤镜如何使用？这一般有两种方式：一是平时收藏关于技能教学类网站，根据问题类型浏览；二是直接对该具体问题进行检索或提问。

⑥情报检索，检索能够直接利用并产生效用的资料。例如，某行业报告的检索、竞争对手信息的检索、上海地区会展行业及会展公司的现状，可以通过行业协会网站、行业报告等查询。

⑦综合检索，针对某一研究课题，进行综合资料的查找。例如，现当代舞蹈的传播与跨文化研究、传统服饰中的"中国元素"及创新设计研究，利用信息问题解决模式综合处理。

第二章　搜索引擎与应用

搜索引擎是指根据一定的策略、运用特定的计算机程序从互联网上搜集信息，在对信息进行组织和处理后，为用户提供检索服务，将用户检索相关的信息展示给用户的系统。学会使用搜索引擎是如今人们必须具备的技能。本章分为搜索引擎概述、谷歌特色检索应用、百度特色检索应用三部分，主要内容包括搜索引擎的工作原理、搜索引擎的分类、搜索引擎的发展趋势、谷歌简介、谷歌特色功能、百度简介、百度特色功能等方面。

第一节　搜索引擎概述

一、搜索引擎的概念

人类的搜索行为无处不在，女性在商场购买衣服鞋子，试用和挑选不同的款式；男性在运动时挑选自己的队友；地铁站中来来往往的乘客查看线路指示板。我们最常用到的是使用搜索引擎的搜索框进行关键词的检索。以上这些都是生活中最常见的搜索行为，虽然这些行为看似并无关联，并且人们所使用的检索方式也大不相同，但所有行为共同的一点就是，人们通过自身经验和所拥有的知识对可视信息进行判断和筛选。而造成筛选方式和检索行为相区别的一个重要因素即被筛选对象种类的纯粹性和数量基数。因此，随着社会发展，信息量越来越大，已经完全超出人类大脑可以快速进行人工筛选的范围，能够辅助人类完成搜索工作的工具诞生，即搜索引擎。

搜索行为与人类生活息息相关，而随着能够接触到互联网的人数逐步增多，互联网信息量也越来越庞大，用户与搜索行为之间的矛盾也越来越突出，搜索引擎作为检索信息的工具出现，缓解了这一显著的矛盾。用户打开搜索引擎，找到搜索框后只需要轻轻一点，输入关键词瞬间就可以得到数以万计的搜索结果。全球搜索引擎数量庞大，除了我们常用的以外，还有很多我们几乎没用过甚至也没听说过的搜索引擎，但是万变不离其宗，搜索引擎虽有不同，原理基本相似。

二、搜索引擎的构成

用户从互联网获取信息，主要通过搜索引擎的四个部分来完成，其顺序为搜索器、索引器、检索器和用户接口，如图 2-1 所示。

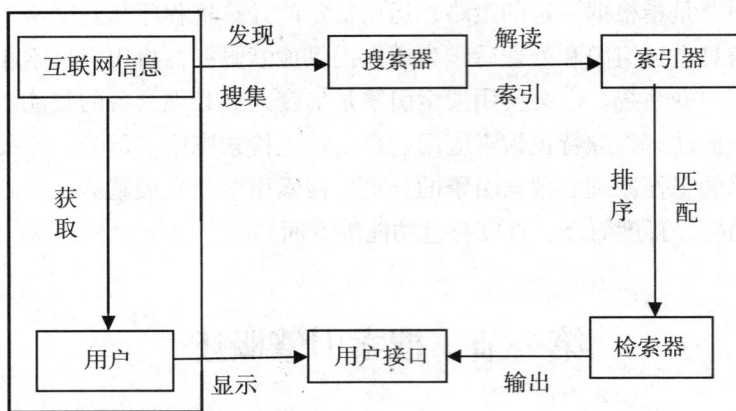

图 2-1　搜索引擎各组成部分功能简图

三、搜索引擎的工作原理

搜索引擎通过网络爬虫程序从一个站点到另一个站点获取数据，网络蜘蛛（Spider）在向索引发送指定信息之前需要检查 robot.txt 文件，获取网页的入口地址之后就可以从网页中抓取需要的内容，如标题、文章正文、发布时间等。这些信息需要根据超文本标记语言（HTML）的标签进行抓取。

（一）搜索引擎的工作步骤

搜索引擎的工作步骤主要包括三个环节：爬行和抓取（数据采集）、数据库处理（数据预处理和数据处理）、排名（结果展示）。各个环节的工作内容如图 2-2 所示。

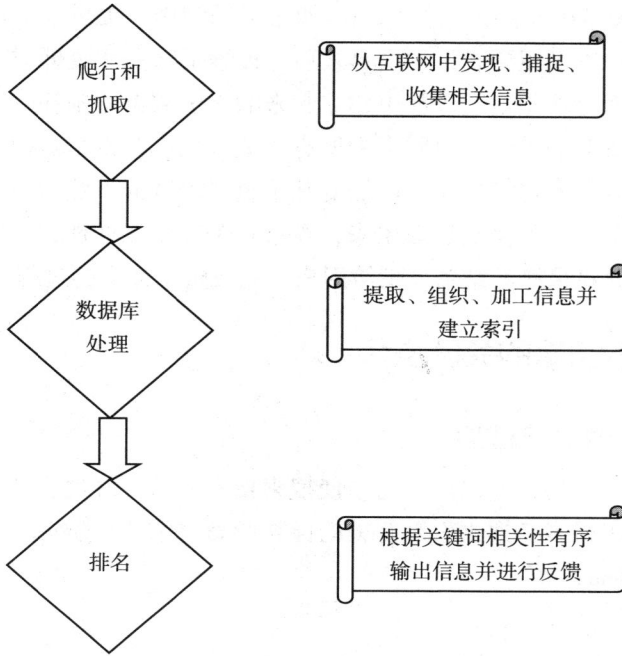

图 2-2 搜索引擎的工作步骤

（二）搜索引擎的体系结构

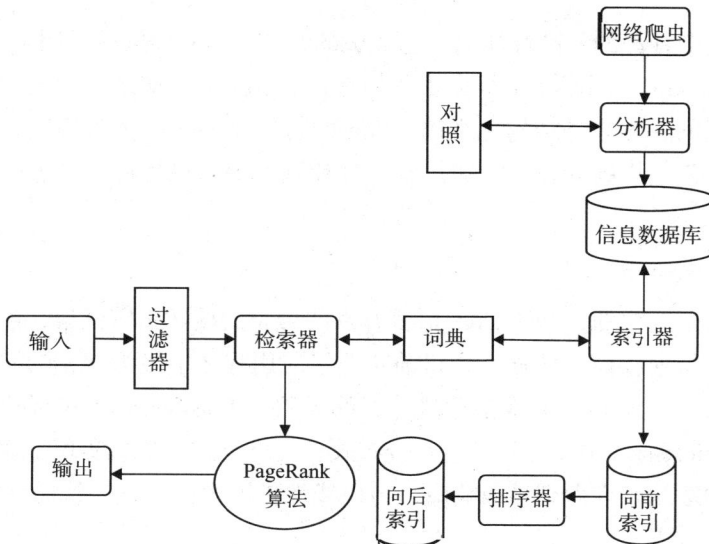

图 2-3 搜索引擎的体系结构图

图 2-3 为搜索引擎的体系结构图，搜索引擎为用户提供了关键字搜索的输入接口，当用户输入想要查询的内容之后，搜索引擎并非立即对互联网信息进行分析查找，而是从预处理步骤中建立起来的索引数据库中抓取搜索结果。搜索引擎将用户查询的关键词对网页中所有的关键词进行索引。网页内容通过分词技术和去重等技术提取出每篇网页的几个重要关键词，然后将每一篇含有用户需要查询的关键词的网页提取出来，经过相关度排序处理，把相关度高的网页排在前面，并将最终的结果呈献给用户，完成整个搜索的过程。

四、搜索引擎的关键技术

（一）搜索引擎框架

随着搜索技术的快速发展，为了使搜索技术能够更好地服务于开发人员，开源社区出现了很多与搜索引擎有关的优秀产品，包括 Apache Nutch、Apache Solr 和 Elasticsearch。

1.Apache Nutch

这是一个开源的基于 Java 开发的以 Lucene 为核心组件的网络爬虫项目，主要包括爬虫服务、索引服务、搜索服务等。在实际的搜索应用系统中，如果数据源需要通过其他渠道抓取，则可以使用 Nutch 提供检索服务。

2.Apache Solr

这是一个开源的、高性能的、企业级的、使用 Java 语言开发的全文检索服务器，目前 Solr 开源服务是很多企业的选择。Solr 的查询是基于超文本传输协议请求实现的，响应是结构化文档。Solr 的特性主要包括垂直搜索，高效的缓存功能，搜索结果高亮显示，通过索引分片副本提高可用性、增加网络管理页面等。

3.Elasticsearch

这是一个开源的，基于 Java 语言开发的分布式搜索引擎框架，它可以实现海量数据的快速存储和搜索，是目前企业级应用程序中最为常见的搜索引擎框架之一，常见的网站，如维基百科等，都采用了 Elasticsearch 实现搜索相关的功能。Elasticsearch 主要的特点有：分布式，处理方式灵活，实现了实时检索，对百亿级的数据查询做到秒级响应，可以线性扩展集群并且支持插件机制。

（二）消息队列

消息队列是在分布式系统中消息的传输过程中存放消息的容器，主要解决了异步处理、应用解耦和流量削锋等问题。当前使用较多的消息队列主要为以下两种。

第一，RabbitMQ。这是一个用 Erlang 语言编写的开源的高级消息队列协议，支持主流操作系统并且支持多种开发语言，如 Python、Java、Ruby、PHP 等，比较适合于企业级的应用开发。RabbitMQ 主要的特性：数据稳定、可靠传输、跨平台、支持多种协议、跟踪与插件机制。但是 RabbitMQ 由于中央节点的存在增加了延迟，速度比较慢，消息封装后也较大，不利于进行二次开发与维护。

第二，Kafka。开源的高吞吐量的分布式消息队列，是用 Java 和 Scala 语言编写的，它支持分区与多副本，并且利用 Zookeeper 进行协调发布订阅消息系统，主要应用于日志收集、用户行为跟踪等场景。Kafka 主要的特性：高吞吐量、可扩展性、容错性、高并发性、持久性等。

（三）查询纠错技术

查询纠错技术是指分析查询词是否出现组合错词，当发现错词时对其进行及时纠正的一种技术。目前，针对文本纠错的实现，主要应用的是基于统计的搜索词纠错方法。其中，常用的模型包括最大熵模型、贝叶斯理论和 N-Gram 模型。

（四）搜索匹配度计算方式

搜索模块是直接面向用户的，是整个搜索引擎的最为核心的重要组成部分，搜索结果的排序直接影响着用户对搜索系统的满意程度与体验度。常用的几种搜索匹配度计算方式有：TF-IDF、PageRank、BM25。

TF-IDF 算法是一种常用的统计加权技术，主要用来评估一个关键词对一个文档或者语料库中的某篇文档的重要程度，经常应用于数据挖掘以及信息检索过程中。其中，TF 是词频，表示关键词在某篇文档中出现的概率；IDF 是逆文档频率，主要用来度量一个词的普遍重要性。搜索引擎经常应用 TF-IDF 加权的形式来作为用户查询的关键词与查询结果之间匹配程度的度量。

PageRank 算法主要用来衡量特定网页相对于搜索引擎索引库中其他网页的重要程度，主要思想是通过各个网页之间链接的链向关系来得到网页的重要性。

BM25 算法主要用来评价检索词和搜索结果文档之间的相关性，是一种常见的基于概率检索模型的相关度的打分公式。其主要思想是计算搜索语句中所有词与文档的匹配度，然后再对各个分数进行累加操作，其中每个词的分数还是会受到 TF-IDF 的影响。

TF-IDF 算法计算简单，易于理解，该算法直接用词频表示检索词与文本之间的相关性，不够全面，算法精度不高；PageRank 算法的 PR 值通过离线计算，有效提高了查询响应速度，但是该算法与查询无关，对于不同的查询请求可能返回同样的结果；BM25 算法由检索词与文档相关性、检索词在查询语句中的相关度、词的权重三个核心概念组成，考虑比较全面，计算精度较高，常用来计算搜索词与文本之间的匹配程度。

（五）新词发现算法

中文分词一般需要借助词典来实现，词典的准确性和完善性对分词而言具有非常重要的意义，而随着各个领域的一些新词汇的不断产生，传统的词典已经不能快速且准确地完成文本分词的任务了，需要对词库进行不断更新，才能保证词典的完备性。为了提高分词的准确度，我们有必要选择有效的算法，在海量的数据中自动发现新词，完成词典的扩充。目前，常用的新词发现算法包括基于规则的新词发现算法和基于统计的新词发现算法。

基于规则的新词发现算法需要通过对新词的内部和外部规则进行研究来人为构建规则库，利用此规则库来识别新词。基于规则的新词发现算法主要包括两种方法：一种是构建新词规则方法，通过对新词规则的观察构建规则库，利用规则匹配来完成对新词的抽取；另一种是构建非新词的过滤规则方法，发现非新词成词规则，完成对非新词的过滤。

基于统计的新词发现算法主要是针对海量数据进行新词发现的，需要通过大规模的语料库计算统计信息来实现新词发现。基于统计的新词发现算法具有很强的可扩展性和适应性，随着语料库的不断扩充，新词发现的准确度也会有相应提高。基于统计的新词发现算法判定词汇是否为新词的指标主要包括以下两点。一是内部凝固程度，主要是用来衡量词汇的搭配合理程度。例如，对于"的计算""计算机"这两个词语的搭配，从直观上来看，"计算机"更为合理，即"计算"和"机"内部凝固得更紧一些。在计算机语言学中，点互信息（PMI）被用来衡量词搭配是否合理，PMI 能够反映出字符串之间的关联程度。二是自由运用程度，一个词的左邻字和右邻字的丰富程度可以用自由运用程度进行衡量，在计算机语言学中，可以用信息熵来表示这种集合的丰富程度，信息熵越大则其丰富程度越高，成词的概率越大。

基于统计的新词发现方法是利用计算点互信息、信息熵来判断词语是否满足指标来完成新词发现的，进而实现词库的扩充。基于规则的新词发现方法在特定的领域识别率非常高，但是需要对海量的数据构建复杂的规则库，并且需要一直不断地维护庞大的规则库，浪费大量的人力和物力，而且存在规则适应能力较差等问题。基于统计的新词发现算法有很强的可扩展性和领域适应能力。

五、搜索引擎的分类

（一）全文搜索引擎

全文搜索引擎就是当前大家使用范围最广泛的搜索引擎了，如国内知名的百度搜索。他们的主要工作方式是，从互联网中提取各个网站中的信息，建立与这些信息相关的数据库。这种搜索引擎的自动信息搜集功能主要分为两种。一种是定期搜索，即每隔一段时间（一般是按天），搜索引擎执行自身的程序，开始对一定地址范围内的互联网站进行范围检索，主要是处理在该地址范围内出现的新网站，将这些网站中的内容进行分析，之后将该网站的地址和信息加入自己的数据库中。另一种是提交网站搜索，即网站的所有者向搜索引擎提交自己网站的内容，并且根据自己网站的内容来确定所属类型，搜索引擎会根据网站所有者所提交的内容来进行信息的分析和处理。

（二）目录搜索引擎

目录搜索引擎的主要功能是手动或半自动收集相关信息，如雅虎。当发布者访问网站时，需要创建信息摘要，然后根据网站的内容和网站上的信息将其分类为预设类别，描述和统一资源定位系统（URL）包含在此类别中。当用户需要查询特定的关键字时，搜索软件将搜索先前保存的描述。一些目录还接受用户提交的注释。发布者批准此描述后，会将其分类为相关类别，以供其他用户参考。该搜索引擎的优势是可靠的导航质量和高精度，其缺点是过多的人工干预、维护和维修成本以及无法及时更新信息。

（三）元搜索引擎

1. 元搜索引擎简介

顾名思义，元搜索引擎是一种多元搜索引擎，可以进行多个层面的搜索。此类搜索引擎在网页上没有可以用来储存信息的专门的数据库，所以当用户查询资料时，如果采用的是关键词进行搜索，它会将用户所需要查询的内容进行一定程度上的转化，让关键词能够变成引擎搜索范围内的内容，然后进行呈现。因此，通过集成多个搜索引擎创建的元搜索引擎具有比传统引擎更广泛的范围、更好的搜索效果和可伸缩性强的优点，缺点是存在某些限制，搜索引擎的功能不能被完全利用。

2. 元搜索引擎的结构与原理

元搜索的技术原理实现过程如图 2-4 所示。

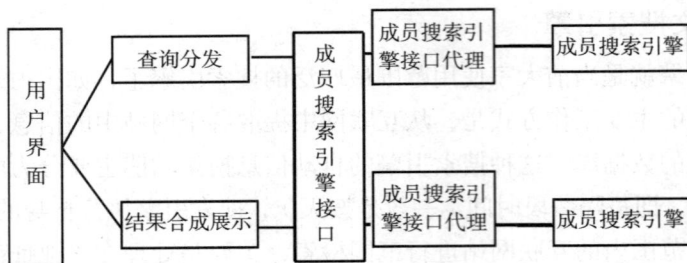

图 2-4　元搜索原理结构

检索请求处理机制：简单地说就是用户输入查询条件的接口。用户在输入查询信息的同时可以进行个性化搜索。通过设置选择成员、限定检索时间、可以显示的数量和主题限制等，可以让用户自己进行个性化设置或者通过分析用户模型和网络实际情况进行智能化自动设置。检索接口代理机制：起到规范化的作用，将用户输入的查询语句转换成各个成员的查询格式。检索结果显示机制：整合各成员返回的查询结果，进行去重、合并、排序等操作，然后显示。

3. 元搜索引擎的分类

元搜索引擎发展至今，根据功能或者工作方式的不同可以划分为各种类型。首先，All-In-One 式。此种工作方式是最简单的，几乎未对成员引擎的检索结果做任何处理，直接利用。其功能单一，只提供了统一管理各成员的界面框架接口。用户如果想要利用多个检索工具的检索服务，只能在此输入接口界面依次选择调用。不对检索结果做任何修饰。其次，多线索式。这是真正意义上的元搜索引擎。通过统一的查询语句输入接口，根据相关选择策略，选择合适的成员为用户提供检索服务。然后将检索结果进行优化整合后显示。再次，桌面式。这是一个包含多个成员检索工具的软件系统，可安装的客户端程序。其集成了线索式元搜索的功能，易于个性化设置，但效果不甚理想。最后，Web 式。属于浏览器 / 服务器（B/S）结构的工作方式，将查询语句提交给代理服务器调用各独立成员引擎，检索结果经服务器代理处理后返回显示。

4.元搜索引擎的发展趋势

元搜索利用其独有的技术在信息检索领域取得了显著成绩。就目前来看，其发展趋势主要有以下几点。

第一，检索信息的智能化处理。随着自然语言处理技术的日渐成熟，对查询语句的语义识别、意图分析将是未来信息检索的主要前提条件。当用户输入查询语句后，检索工具能够自动识别检索请求的真正查询意图，而不是单单地依靠关键词匹配。

第二，智能型个性化服务。对数据挖掘技术的更进一步利用，自动分析用户的检索行为，挖掘用户的检索习惯、使用偏好，再根据各搜索引擎在用户查询意图上的搜索能力和用户的搜索偏好自动地选择合适的搜索引擎进行信息检索。在检索结果的整合方面，结合用户兴趣模型为其提供最符合的结果。

第三，专业化元搜索。对主题领域做更进一步的细分，针对每个主题划分要精确。根据用户查询的主题实现垂直搜索，在主题领域内为用户提供更加专业的查询结果，可以有效提高查准率和查全率。

第四，检索结果的个性化处理。根据用户兴趣为其提供符合偏好的查询结果，利用相关技术实现查询结果的层次化显示。

（四）基于机器人的搜索引擎

这种搜索引擎，最明显的功能特征就是内部嵌入了一个机器人程序，如谷歌。这个程序在具体使用之前，可以提前规划一些相对比较好的、满意的、优化程度比较高的、特定的策略，然后进行网络上的信息搜索和收集。其可用于收集信息的索引系统，是建立于信息上的相对应的索引，并且将查询界面的用户在查询的索引中进行对应的数据库的搜索的系统。这种搜索引擎最重要的功能之一就是可以定期访问收集的网页并更新索引以删除不必要的链接。Web 内容的更改也将出现在用户查询结果中。该搜索引擎的优点是能及时更新，无须人工干预和全面的信息条件；缺点是可能会返回更多无用的信息，用户必须仔细过滤其搜索结果。

（五）图像搜索引擎

1.图像搜索引擎简介

图像搜索引擎，即互联网中以获取图像信息为目标的专业搜索引擎。在"读图时代"，用户所能接触到的可视化信息达到了前所未有的量级，传统的搜索方式已无法满足用户需求，可高效获取信息的图像搜索引擎应运而生。在传统搜索引擎中，用户要获取图像，往往需要输入关键字进行搜索。图像搜索引擎提供了全新途径：用户可以"以图搜图"来检索相似图像，也可以指定图像信息特征，如在图像搜索引擎工具提供的调色盘中选择相应色彩并调整配比，根据图像的色彩信息特征检索相应风格的图像。不同的图像搜索引擎功能具有差异性，感知哈希算法为大多数搜索引擎中的相似图片检索功能提供了核心技术支撑。

2. 图像搜索引擎的分类

本书依据存在形式的区别，将现有图像搜索引擎分为三类：在线图像搜索引擎，如专业图片搜索引擎；微软必应、百度搜索、谷歌等原始搜索引擎中的图片搜索功能；专业化网站中的图像搜索引擎，如淘宝等购物平台上的商品搜索引擎所提供的图像搜索功能。

3. 图像搜索引擎的功能

（1）图像识别

图像识别是指利用计算机视觉识别、模式识别、机器学习等技术方法，自动识别图像中存在的一个或多个语义概念。本书依据用户操作方式将图像搜索引擎中的图像识别功能分为三类。第一类为本地图片识别，用户可提取先前储存的既有图像进行识别；第二类为即时拍照识别，用户在图像搜索引擎中实时拍摄图片，该引擎对新鲜出炉的照片进行识别；第三类为实时识别，即用户无须拍照，直接利用摄像头对准目标物体，即可同步识别。三类图像识别功能存在技术间的递进关系，与信息载体的发展联系紧密。从仅限计算机浏览的本地图片发展到移动手机功能升级后对实时识别技术的支持，图像搜索引擎的图像识别功能越来越便捷，获取信息的效率不断提高。

（2）图像分类

图像分类是利用计算机对图像进行定量分析，把图像或图像中的每个像元或区域划归为若干个类别中的某一类，以代替人的视觉判读。此功能为保证图像搜索引擎的检索精准度提供了重要保障。例如，微软必应图像搜索引擎在用户使用文本进行检索后，自动提供详尽的分类供用户选择。搜索"女孩"，在筛选器的人物一栏中，用户可选择半身像、脸部特写等选项，缩小检索范围。专业的图像分类能够从图像语言的角度弥补文字语言对风格化描述的缺憾。图片社交分享网站 Pinterest 自带的图像搜索引擎，可根据用户日常使用时所标注的图像特征，将数据库中相似风格的图片自动反馈给用户。

（3）信息关联

身处"读图时代"，图像信息成为传播效果影响因子中的重要一环。图片不只展示了主体、色彩、构图，更多无形的信息被链接在了图片背后。新闻媒体所展示的新闻图片，完整讲述或协助文本讲述着新闻内容；电子商务领域的产品图片，隐含着产品被放大的功能与被隐藏的缺陷。图像搜索引擎为用户呈现图像，并引导其获取图片背后的核心信息。图像搜索引擎的信息关联功能通过链接实现，用户可通过检索图片获取与图片相关的文字、视频等内容的链接。以图片进行相关文本检索越来越成为一部分互联网用户的习惯性行为。例如，用户可通过一张新闻图片，获取完整的新闻报道链接，从而进一步通过媒体的权威性对信息的真实性进行判断。用户还可以通过检索图片对商品进行精准捕获。微软必应的"以图搜图"功能直接链接了相似商品，而淘宝购物平台则利用"淘立拍"等功能，以图片实现精准的产品搜索，提高用户转化率。

（4）拆解与重构

伴随着图像搜索引擎功能的不断升级，越来越多的专业化图像搜索引擎出现，它们通过对图像信息的拆解与重构，提供专业性更强的检索过程与结果，目标用户指向设计师、画家、美术教师等专业群体。在线图像搜索引擎 TinEye 从图片分享网站雅虎网络相册上的 2000 万张共享的创意图片中提取颜色，使用户可以直接用色彩语言对图像进行描述。用户可以上传本地图片，搜索出与用户图片色彩类似而非与主体内容类似的图片。该搜索引擎还对图像信息进行了具有重构意味的搜索支持。用户可以通过挑选调色盘上的颜色、调整各类颜色占比、添加相关标记这三个步骤，通过重构图像色彩信息特征检索出符合目标色彩风格的图像。

4.图像搜索引擎的传播作用

（1）图像信息的枢纽

在互联网环境下，与海量的信息相比，受众的时间成了稀缺资源。人类为了更便捷地在互联网中获取信息，发明了"搜索引擎"这一信息的枢纽，体量庞大、秩序杂乱的数据经由搜索引擎的梳理与挑选后呈现在用户面前。在互联网所催生的超大型图像信息库中，图像搜索功能的核心指向是帮助用户群体在信息传播过程中高效获取目标。图像搜索引擎的诞生与发展，进一步打开了从图像到用户、从用户到图像的双向信息通道。从用户角度分析，因其表达不再主要依靠文字这种高度抽象的中介符号，而是通过图像语言进行信息抽取，提升了搜索引擎这一信息枢纽的效率。

（2）视觉信息的去噪与提纯

德裔美国心理学家库尔特·勒温认为"信息的传播网络中布满了把关人"。因具有天然的功能属性，图片搜索引擎能够根据其自有的算法及规则，对海量、繁杂的图像信息进行分流与提纯，在信息传播中承担"把关人"的职能。从信息的传播者角度分析，图片搜索引擎中的分类与识别技术把海量的图片信息划分为更详细的类别，从而方便机器的计算及用户的检索。从受众角度分析，图像搜索功能的延伸与发展有效去除了信息噪音，信息获取效率提升。专业化的检索功能划分，也是对信息受众的进一步细分，因此可使其检索到更精准的图像信息。

（3）视觉区域的扩张

图像搜索引擎的出现及其功能的延伸，转化为图像信息的运转效率，扩展了互联网视觉区域面积，具体表现为行为模式的改变与图像信息领土的扩张。《2019 年中国网民搜索引擎使用情况研究报告》中的数据显示，截至 2019 年6 月，手机端搜索引擎用户规模达 6.62 亿，其中上传图片进行搜索的使用率为40.6%。虽然使用率与之前相比稍有下降，但因整体用户规模扩大，用图片进行搜索的用户群体总量仍呈上升趋势。图像搜索引擎对更多检索形式的探索，改变着用户的行为习惯。例如，在线图像搜索引擎 TinEye 可在 Chrome 浏览器上装载扩展程序，用于更快的反向图像搜索。它允许用户在使用 Chrome 浏览器时，右键点击图像，使用 TinEye 进行检索。

图像信息领土的扩张基于技术升级。用户从以关键词检索图像信息到以图搜图，再到以图片搜索视频，视觉信息的传达越来越垂直化。从个人计算机需要拨号连接网络到 5G 技术提供的信息传播与处理能力，应用环境不断变化，影响着互联网的内容生产趋向——视觉信息传播的便捷性催化了更多视觉产品的诞生。

（六）云搜索引擎

1. 云搜索引擎简介

云搜索引擎简单来讲就是基于云服务的搜索引擎，其本质上是一种站内搜索，索引和查询这两部分功能由云服务器实现，本地只需处理用户交互，部署简便，开发量小，它通用、实时、不需要服务器资源。对于站内搜索目前大多基于本地数据库、通用搜索引擎或开源搜索引擎而言，云搜索引擎运用非常方便且功能强大，占用资源小，成本也较低，作为新发展起来的搜索引擎未来前景十分广阔。

2. 云搜索引擎的现状分析

目前能够提供云搜索引擎服务的除了亚马逊就是阿里云，这两家厂商实现云搜索的技术思路，实现方式高度相似，用户主要考虑服务质量、访问速度、所需费用等方面。但大部分开发云存储服务的企业都不会重视云搜索服务。从目前来看，大部分云搜索的产品和服务是不完善的，对于大部分普通用户而言，其用户访问受限制。另外，在语义分析上也存在一定的缺陷，查准率和查全率较低，资源池更新慢，时效性较差且资源有一定的限制。但其广告少，作为一种站内搜索，节省服务器资源，成本降低，不用限制搜索，搜索结果更精准，筛选方式更多样，更能迅速得出结果，同时具备更多功能，精准内容推荐，运营辅助功能降低运营成本。它可以根据网站不同数据类型定义搜索条件，打造各种定制模式，满足搜索需求，通过精准内容推荐，提升网站流量，增添用户黏性，降低运营成本，搜索效率高，搜索结果排序好。比较成熟的云搜索引擎，如厦门大学的图书馆阿里云搜索，其"站内搜索"的功能定位是整合馆内所有自建系统的数据，将阿里云搜索封装为一个独立的仅提供搜索服务的小系统，实现搜索及搜索结果的呈现。快捷简便地构建图书馆的站内搜索引擎，很好地弥补了现有搜索引擎的不足，满足了读者快速准确获取网站内容的需求。

3. 云搜索引擎的未来发展方向

首先，云网盘相关网站的建设和运用都是几家独大，而云搜索作为站内搜索，大部分都会将目标受众群体放在图书馆等，从而忽略了小众群体。由于云搜索的过程相较于百度、360之类的搜索引擎来讲比较麻烦，所以大部分人都不太愿意在上面查询信息。相对于全网搜索的搜索方式来说，站内搜索的信息资源池所拥有的信息查全率比较低，究其根本原因就是云网盘没有公共的资源池，因此所能够提供的信息资源相当有限。

其次，在一定程度上它无法正确理解用户想搜索的意思，即在语义分析上存在问题。假如用户想要查询的信息是"5G的应用场景"而搜索出来的结果则是与"5G"相关联或者是与"应用场景"相关联，这样的查准率也确实很难运用起来。未来云搜索的发展方向应该偏重于对资源池的管理和统一，以及人工智能深度学习算法、中文搜索的中文分词技术和语义分析这些关键技术，会面向更多的用户群体来进行改善。

（七）垂直搜索引擎

1.垂直搜索引擎的原理

垂直搜索引擎是一类检索信息分类细致、时效性强的索引引擎，是以通用搜索引擎为基础衍生来的技术产品，具有"专、精、深"的应用优势，能进行特定领域内的信息检索，正不断发展壮大。由于其具有高专业针对性和高时效性，目前已成为搜索引擎领域中不可或缺的部分。以下模块是构成垂直搜索引擎的主要部分：页面下载模块、索引检索模块、搜索查询模块。索引检索模块和搜索查询模块作为页面下载模块的信息库，二者又组成了全文检索器，搜索查询模块作为面向用户的最终接口。垂直搜索引擎的组织结构如图 2-5 所示。

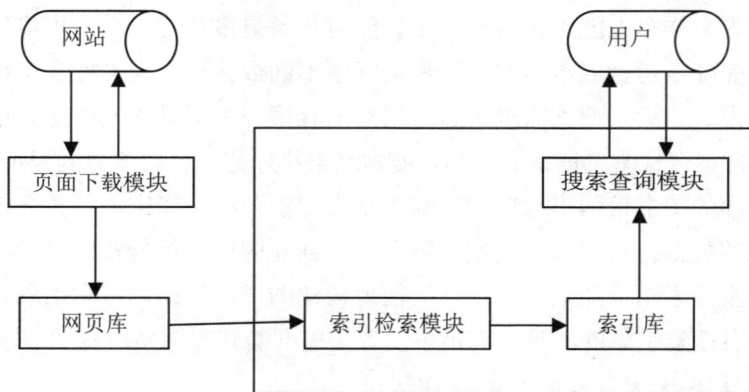

图 2-5　垂直搜索引擎的组织结构

垂直搜索引擎的具体工作原理如下：网络爬虫在网络中爬取符合主题的网页，将网页的页面信息下载完成后，在索引检索模块中对下载的页面信息进行信息提取，提取出来的信息再由索引程序建立索引，搜索查询模块在运行完对查询语句关键词的分词处理后，把关键词提交至索引库内进行匹配，通过排序算法，对符合用户查询要求的搜索结果进行排序，最后由搜索查询模块返回给用户。

2.垂直搜索引擎的特点

垂直搜索引擎具有较强的专业性和服务深度，与通用搜索引擎相比功能更小且精，针对某些用户在网络中筛选获取某些领域的信息，方便专业人员搜索获得相关领域信息，其具有以下应用特点。

（1）专业领域信息集合

垂直搜索引擎所获得与保存的内容都是与特定主题相符的，信息搜索的特点是在某专业领域内尽量丢掉无关紧要的网页信息，与检索内容范围广泛的通用搜索引擎相比，某些领域的信息检索区域小。垂直搜索引擎可以更深层次地获取特定的数据信息，拥有较强的专业性。

（2）搜索结果精确

与模糊检索的通用搜索引擎相比，后者的结果精确度更高，搜索结果具有"专、精、深"特点。在信息搜索流程中，将范围锁定在特定专业领域，并且减少查询词语多义性，在很大范围内减少搜索不明、一词多义等情况，这样可以减少误差，指向性明确，最终的检索结果能更精确。

（3）信息采集结构化

垂直搜索引擎在数据分析处理方面更具优越性，处理原则精准，向用户展现基于元数据的结构化检索，通过程序将数据分类处理，提升用户体验感。

（4）所需硬件配置不高

垂直搜索引擎是依靠主题爬虫获取相关信息，所含有信息量与通用搜索引擎相比较少，抓取网页链接的数量也较少，不用耗费计算机过多的硬件资源。其网络传输量小，网络带宽需求相对较低，信息采集量小，不需要使用大型数据库进行信息存储，对硬件配置要求较低。

3. 垂直搜索引擎的功能模块设计

（1）采集模块设计

信息采集模块的功能主要是从互联网中抓取与主题内容相关的信息数据，是整个垂直搜索引擎中最为关键的模块之一，它采集到的数据将直接决定了用户检索信息的准确度，而数据的采集主要依赖主题网络爬虫来实现。相对于普通网络爬虫的结构而言，主题网络爬虫的结构中添加了主题模块、网页相关度评价模块和超链接评价模块。主题网络爬虫结构如图 2-6 所示。

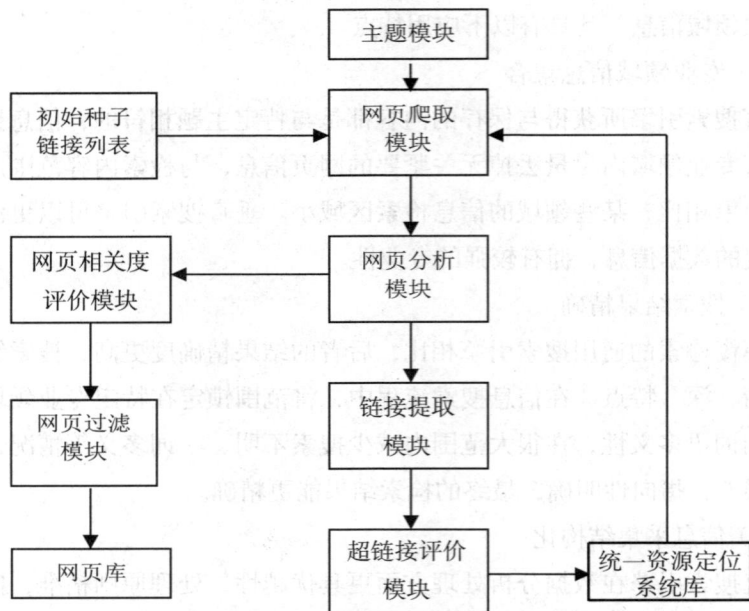

图 2-6 主题网络爬虫结构

主题模块是用来限定主题网络爬虫抓取网页的范围的，对于其他与主题无关的网页，直接丢弃或者不爬行。网页相关度评价模块直接决定主题爬虫抓取信息的质量和准确率，是主题网络爬虫与通用爬虫不同之处。在相关度评价之前，要根据以前的经验及数据设定一个阈值，在计算网页相关度之后将结果与其比较，如果计算结果小于所设定的阈值，表示此网页与主题无关，直接丢弃；如果计算结果大于阈值，则表示网页与主题相关，则将其过滤后保存下来。超链接评价模块的功能是为主题相关网页中的链接分配优先级，主题相关页面的相似度大小决定优先级的先后，相似度结果越大的网页表明该网页的内容与主题越接近。

主题网络爬虫首先根据初始种子链接进行网页抓取，然后根据主题模块进行网页相关度判断，若该网页信息与主题相关，则将该网页内容存储到网页库中；若网页内容与主题无关，则将其舍弃。将所有抓取网页的链接进行提取，进行超链接相关度评价后存入统一资源定位系统库，以备主题网络爬虫将来对所抓取的链接去重。

（2）索引模块设计

索引模块的功能是将采集的数据有序处理后，构建倒排索引库，为将来的检索提供数据基础。索引模块主要由数据预处理、构建倒排索引库以及索引库更新三部分组成。

数据预处理是对采集的数据进行过滤和清洗，处理掉无关数据和重复数据。倒排索引库是索引模块的核心，而索引结构与搜索引擎的查询速度密切相关。采用倒排索引结构可以在较短时间内定位到搜索结果的具体位置。系统模块首先从预处理好的数据中将搜索服务中检索需要用到的字段从数据库中提取出来，接着对数据信息进行分词处理，计算提取的关键词的权重，然后根据得到的关键词构建索引并对其内容进行排序，最后通过文档编号差值的方式对数据进行压缩，将已经压缩的索引入库。倒排索引工作流程如图 2-7 所示。

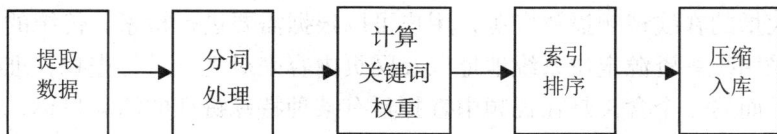

图 2-7　倒排索引工作流程

网络上的数据每日都在增加，主题网络爬虫也在网络上不停爬去相关网页，索引库的内容也随之增加。为了不影响搜索引擎的检索速度，必须有一个合理的索引更新策略。笔者对索引库的更新采用混合策略，将不同的索引更新策略混合，以形成更高的效率。混合策略一般会将单词根据其不同性质进行分类，不同类别的单词，对其索引采用不同的索引更新策略。这样能节省系统消耗，对搜索引擎检索速度的影响也不大。

（3）检索模块设计

用户检索模块包含两个功能：搜索建议与搜索。搜索建议功能是用户在检索框内输入自己的检索词后，搜索引擎将该词在索引数据库中进行模糊匹配，把相似的或相关度很高的词在检索框中进行提示，以方便用户比较后选择，以提高检索的准确性。

搜索功能是垂直搜索引擎的核心。用户在搜索框内输入检索词后，若采用搜索建议提供的词，则系统直接在索引数据库中按建议词进行检索并输出结果；若用户不选择建议词，系统则根据用户的检索词在索引数据库中检索并返回结果。检索模块工作流程如图 2-8 所示。

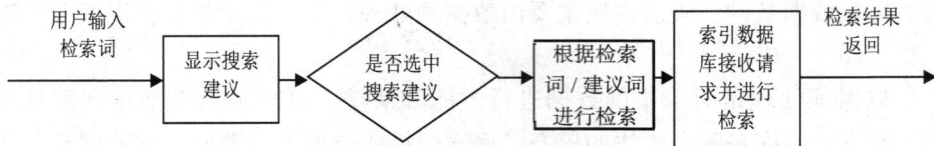

图 2-8　检索模块工作流程

（八）视频搜索引擎

1. 视频搜索的概念

视频搜索有两重含义，常见的是在互联网上有一个庞大的视频库，在里面存储了大量的在线视频播放资源，用户可以根据需要进行检索。传统的视频搜索都是采用统一资源定位系统地址以及网页内容来对视频进行查找，准确度相对较低。而另一个含义是在视频中查找具有某种特殊特征的活动目标，如在视频中查找"穿白色上衣黑色裤子的人"。这是视频智能分析领域的一项新技术。

2. 视频搜索的基本原理

视频搜索的工作原理简单可以分为两个部分。第一部分就是先在互联网中查找、搜集网页上的信息，并对信息进行提取和整理，建立索引数据库。第二部分就是人机交互，即网民将自己的想法和需求告诉搜索引擎，搜索引擎会对将要搜索出的结果进行相关度排序，自动反馈给网民。视频搜索的基本流程可以分为以下几步：爬虫获取网络数据、分离出视频数据、视频特征提取、建立索引、建立索引数据库、通过人机交互检索界面、网民进行信息互动。

（1）获取网页信息

搜索引擎都有自己获取网页信息的程序，被称为爬虫。爬虫可以沿着网页中的超链接，跳转到其他网页，通过这种方式可以访问到很多不用类型的网页。爬虫在进入不同的网页后，就开始对网页提取关键词，建立索引和索引库。在这个过程中，其还会做许多不同的工作，如去掉重复的网页、判断网页类型、计算网页的重要性和丰富性等。

（2）提供人机检索服务

当网民输入关键词时，搜索引擎就会进入索引数据库中查找与之相关的关键词，同时按相关度进行排序。然后以网页标题统一资源定位系统形式呈现在网民面前，为了便于网民判断，还会提供一段相关的网页内容摘要。

3. 视频搜索的相关发展

（1）从关注人数上分析

截至 2020 年 6 月，我国网络视听用户规模达 9.01 亿，较 2020 年 3 月增长 4380 万，网民使用率为 95.8%。在各个细分领域中，短视频的用户使用率最高，达 87.0%，用户规模 8.18 亿；综合视频的用户使用率为 77.1%，用户规模 7.24 亿。此外，网络视听应用是吸引新网民的主要力量。2020 年 3 月至 6 月，在新增的 3625 万网民中，有 23.9% 是为了使用网络视听应用而"触网"的。新增网络视听用户主要来自底线城市。

（2）从搜索技术上分析

视频搜索的发展是一个漫长的，逐步探索和研究的过程。视频搜索发展历程可以分为三个阶段：基于文本信息的视频搜索、基于视频内容的视频搜索和基于图像的视频搜索。最基本的视频搜索是基于文本信息的搜索。例如，通过视频文件的标题、作者、摘要等信息来进行搜索。用户只要输入关键词就可以搜索出需要的视频。视频搜索在不断发展，网民也不满足于以上的搜索方式。有时会遇到这样的情况，网民想看一部影片，可是既不记得影片的名字，也不记得作者和摘要，唯一记得的就是该影片的一段故事情节或某个角色的名字。在这种情况下，基于视频内容的视频搜索就诞生了，这是一种对视频内容进行分析处理的工作方式。视频实际上分为两个部分：一部分是观众所看到的图像，即不同的画面按一定的时间顺序排列呈现在观众面前，由于相连的两个画面时间很短，人眼几乎识别不出来，就感觉像是连续的一样；另一部分是人耳所听到的声音，通过相关技术对视频中的画面进行数字化处理，提取出画面的关键信息，同时对声音采用语音识别技术，视频的内容就被成功提取出来了。基于图片的视频搜索属于图像搜索中的一个细分种类。它实现的功能是，根据上传图片找到相关的内容，只是按图找片算法会根据图片的内容找到对应的影视剧或者相关视频，甚至精确到影视剧中的固定时间点。

4. 视频搜索的应用

（1）视频搜索的传统应用

传统的视频搜索主要是利用关键词，如影片片名、制片人名等查找用户所需视频。这种搜索方式对于不知道影片相关信息的用户来说，操作起来有一定的难度。网民的需求无法得到满足。

（2）视频搜索的创新应用

据称 IBM 研发了一种被称为 "Marvel" 的搜索引擎，可以在互联网上找到很难获得的视频资料，能对任何标准视频格式进行扫描，同时还可以通过"城市风景""室内"等视频文件的修饰词语，实现视频内容的自动分类。这样，网民想要观看什么类型的视频，只要输入关键词，搜索引擎就能轻而易举地找到。基于图片的视频搜索是视频智能分析领域的一项新的应用。图片视频搜索技术是韩国一家名为 Answers 的创业公司开发设计出来的，取名为网络视频服务——Image 2 Play。其具体操作为，只要输入图片，就可以搜索出包含该图片的音视频文件。当网民在浏览网页、好友动态、日志时，图片上出现了一个播放按钮，在一般情况下就会情不自禁地点开视频。即使视频只有几十秒或者几分钟，但它能在短时间内向观看者传达大量的信息。同时它还可以镶嵌到日志、博客中。基于图片的视频搜索是通过浏览器插件自动把网页上的所有图片和视频数据库中的视频文件进行对比分析，一旦图片和视频匹配，就会在图片的右上角出现播放按钮，网民只要点击该按钮就可以观看视频。

（3）视频搜索在监测监管中的应用

不良视听节目，如暴力血腥、色情低俗等节目，这类视频对网民的身心健康危害极大。由于互联网的使用不受年龄、性别、宗教、种族、地域的限制，只要有网络通信的相关设备，就能在互联网上畅通交流。互联网在方便了人们生活的同时，也给别有用心的人提供了上传不良视频的通道。视频具有将图像和声音结合于一体的功能，能在最短的时间内让网民深刻领悟其中表达的意义。一些不法分子于是将自制的歪曲事实、散布谣言的音视频上传到互联网上，此类视频在很大程度上破坏了社会的团结稳定与和谐发展。如何才能快速找出相关视频，防止其在网络上蔓延传播，仍是一个需要探索和研究的漫长的过程。

六、检索结果的排序

目前，网页数量每日都以指数级的方式增长。检索工具对于每一个检索请求都会返回大量的结果数据。然而，目前大多数检索工具依然以罗列的简单列表形式返回查询结果。返回结果中和用户检索需求相关的往往只占很小一部分。基于简单查询语句的情况更是如此。对检索日志的分析表明，用户在找到真正符合自己查询要求的结果前有耐心浏览的网页摘要信息数量很少超过 30 个。那么第三页往后的查询结果就很少有机会被用户浏览。因此，对查询结果进行排序也是提升检索质量的重要手段。为了使用户可以在更短的时间内找到有用的资料，国内外学者在网页排名算法方面做了大量的研究，主要有下面两种方案。

第一，基于内容相关度排序法利用用户查询词组在文档中的出现频率、逆文档频率、词组位置等特征，基于向量空间模型计算检索信息与文档的相关度。

该方法在一定程度上提高了与用户查询要求相关度高的检索结果更容易被用户找到的概率。然而，文档相关度高不一定就是用户想要的结果，如为了提高网页竞价排名，采用多次重复热门关键词来提高网页排序。

第二，分析网页结构中的超链接数量与链入、链出的网页计算网页质量，根据超链接结构计算网页的相关度，然后对查询结果进行排序的算法称为"超链接"排序法。一个网页被越多的页面链入，标示此网页具有很高的质量，可信任度高。如果一个网页中包含有锚文本，则此锚文本是对链接页面的内容的客观、精确评估。

七、搜索引擎存在的主要问题

（一）技术层面的限制

目前的搜索引擎在搜索互联网中的信息时，主要依靠"网络蜘蛛"程序。利用该程序能够在自建的索引库中下载网页上的部分内容或者全部内容，但是因为下载的页面信息大多是无用的，因此不仅会对检索速度产生影响，并且还会进一步增加用户的检索负担。相关方面的调查研究表明，超过70%的网络用户认为搜索引擎显示的搜索结果具有较高的重复率。另外，搜索引擎在对多媒体信息和专业知识的检索过程中由于受到技术层面的限制，导致其难以实现良好的检索效果，其中认为搜索引擎缺乏较强的多媒体搜索功能、缺乏较强的专业搜索功能以及信息更新速度较慢的网络用户分别占网络用户总人数的30.25%、49.36%、50.25%。

（二）要求网络用户掌握检索规则

关键词检索方式是搜索引擎最常用的检索方式，但是很多时候网络用户对于自己真实需要的信息内容无法用几个关键词进行准确表达，这时就会出现因为表达不准确而难以进行精准搜索的现象。在这种情况下，网络用户如果想对自己需要的信息进行快捷、精准搜索，使信息的质量得到充分保障，就必须对相应的检索规则进行学习和掌握。但是，网络用户实际上并不想耗费时间和精力对繁杂的检索规则进行学习，他们在使用搜索引擎检索相关方面的信息时更需要一种"傻瓜化"的检索系统。

（三）搜索结果缺乏较高的准确性

检索词与网页之间的相关度直接影响着检索结果的准确性，在通常情况下网络用户将一个或者几个关键词输入搜索引擎中进行检索后就会出现很多结果，或者没有与之相对应的结果，返回的搜索结果中大部分都是网络用户不需要的信息。并且在这个过程中还经常出现网页跳转等现象，具体来说就是标引为所需信息搜索结果，被用户点击打来之后却自动向另一个页面或者网站跳转，这实际上是一种作弊行为，其主要原因就是网页或者网站想要进一步提高自身在搜索引擎中的排名。

八、用户利用搜索引擎的障碍

（一）技术障碍

虽然用户能够通过搜索引擎对相关方面的信息进行快捷搜索和查找，但是往往会返回大量的搜索结果，而要想将自己真正所需的信息从纷繁复杂的搜索结果中准确找出来，用户一方面需要较高的信息识别能力以及一定的知识经验，这样才能够迅速精准地捕捉到其中有价值的信息，另一方面需要熟练操作计算机，并且对于一些检索技巧也要灵活熟练地加以应用。

（二）信息分析障碍

很多用户在利用搜索引擎查询相关方面的信息时，对于返回结果的多少往往并不特别在意，而是比较重视搜索结果是否符合自己的真实需求。相关调查研究表明，超过80%的用户最重视搜索结果的准确性，另外还有接近70%的用户比较重视搜索速度。由此可以看出，对于搜索引擎，用户最主要的需求就是搜索结果要有较高的准确度，并且具有较快的搜索速度。在通常情况下，用户使用搜索引擎查询某一个方面的信息就会有上万篇文档反馈，导致用户需要花费大量的精力筛选搜索结果。因此，未来在对搜索引擎进行优化的过程中还应注意解决搜索返回结果过多以及质量不均的问题。

（三）信息安全障碍

1. 信息失真

在使用搜索引擎的时候，用户经常会遇到精度降低、信息失真的问题。用户在利用引擎进行搜索的过程中经常会面临众多的虚假信息，还会威胁到个人的生命财产安全。并且，有的钓鱼网站专门冒充正常网站发布很多的虚假信息，给大数据信息的可靠性造成了严重的影响。

2. 诱发诈骗

在数据信息层出不穷的今天，用户总会不知不觉地泄露部分个人隐私。例如，在在线交互时，用户浏览过程也会带来许多副产物，个别非法用户将他人浏览过程进行深入挖掘就会发现其中潜在的商业价值，这样非法用户就会通过量化搜索的方式寻求更多的信息，并在此基础上实施诈骗。

3.个人信息泄露

就目前互联网的使用情况来看，大部分用户在信息安全方面的意识还比较淡薄。例如，在登录社交网站或者使用公共无线网络时，通常要对账户密码进行设置，而这在无形之中就让用户同意了相关的用户协议。在大数据全面普及开来的今天，搜索引擎已全方位融入了我们的工作与生活。尽管大数据为我们提供了众多便捷的服务，但也出现了相当数量的信息泄露事件。据调查，用户在使用搜索引擎发生安全事件后，基本只是对相应网址进行了屏蔽或者减少了对相应搜索引擎的使用频率，而对有关问题进行申诉或投诉的用户相当少。

4.数据信息无意识泄露

在大数据时代，网络信息相关技术都在不断发展、不断普及，无论对于个人，还是对于社会、企业以及政府等部门，只要其在网络上有过运行信息，与之有关的身份特征、使用习惯、关注点、兴趣、爱好以及资料等信息都会成为被存储、被用于分析的数据。所以，在网络社会，任何人的任何行为都会一直处于被实时监视的状态，只要在网络中有过的行为都会留下足迹。需要关注的是，在通常情况下，在网络中留下的种种痕迹都会以数据的形式留存在相关的信息系统中，加上当今大力推进的大数据技术的支持，这些数据信息就很容易被整合、计算与处理。基于以上分析不难看出，上述众多无意识的行为很容易成为非法用户恶意网络搜索、恶意网络攻击、恶意窃取信息的途径，并且这些类型的资源是十分容易威胁到个人、社会、企业以及政府机构等的安全的。所以，如果不懂得正确应用大数据信息技术，就很有可能给社会乃至国家带来众多的安全隐患。

九、搜索引擎的优化策略

（一）搜索界面的优化

搜索界面简洁与否对于用户的选择具有一定的影响，在对搜索界面优化的时候需要注意这一点。在对搜索入口进行优化的时候，应该注意类似于热点推荐等设置，对搜索路径也可以添加个性化的时间与位置搜索。

（二）技术上的革新

搜索体验取决于技术，搜索引擎的技术支持主要依赖于协同过滤算法与关联规则算法。协同过滤算法对于个性化推荐有一定的准确性，而关联规则算法在智能引擎上的应用也逐渐深入，二者结合推动智能引擎的发展。用词条记录的数据库要不断更新，增强自然语言处理能力，建立词条索引，通过频繁搜索索引，可在用户再次搜索时推荐。对于用户兴趣库的建立，也可用关联规则算法进行搭建，通过用户的搜索行为及点击行为对用户行为心理进行解析，选择适合用户偏好的推荐结果，从而提高用户与搜索引擎的黏性。

（三）内容上的优化

内容是搜索的根本，对于用户搜索内容的返回，准确性为最首要的因素。返回结果的准确性也影响着用户对引擎的黏性。要想内容返回的准确性得到提高，应该要做到扩大检索数据库，联合互联网生成内容、知识库等，以及优化搜索匹配技术，提取有效信息。对于搜索引擎，要提供多场景优质内容，满足多行业搜索需求，依据问卷数据，专业人士更倾向于使用搜索引擎满足知识需求，多场景打造垂直内容，满足多行业商业信息的搜索需求。

（四）用户信息安全的保护

1. 管理方面

（1）明确数据使用者的责任

一方面，数据使用者应当充分了解自身的责任，要有意识地保证其输出数据结果的真实性、可靠性。另一方面，数据使用者要注意设置隐私保护模式。特别是在当今大数据技术突飞猛进的时代，数据使用者要更加注意自身行为，要勇敢担起自身责任，禁止个人数据被非法再利用的行为出现。

（2）提升搜索行业的自律性

事实上，出现用户数据信息安全问题并不是单独某个搜索引擎造成的，整个搜索行业都有关系。因此，整个搜索引擎行业都应当高度重视自律性问题。为此，相关的搜索引擎企业需要制定科学、有效的行业准则，不断提升员工的职业操守，全方位规范对数据的操作行为，严格避免出现因为操作不当或为谋取商业利益而造成的用户信息被泄露等一系列的安全问题。

（3）完善相关的法律保护

尽管我国已出台了《中华人民共和国侵权责任法》《信息安全技术公共及

商用服务信息系统个人信息保护指南》等相关规定用于维护个人信息安全。但是，总体来说，我国在用户信息安全保护方面的法规条例还相对零散。因此，我国必须结合大数据时代的特征制定针对性强的有关法律法规，以不断完善大数据时代的隐私保护。

2. 技术方面

（1）用户安全补丁

一方面，用户要注意有效利用安全补丁修复系统漏洞，以更好地解决网络信息问题。另一方面，用户应当意识到自己才是处理网络数据信息安全问题的最好补丁。因此，用户必须想方设法不断提升自身的知识水平与自我保护能力，让自己具有充足的能力评估威胁，从而全力维护个人信息的私密性。

（2）技术保护

为了在充分实现大数据安全高效搜索的同时做好隐私保护，我们就要在技术保护方面下足功夫。如图2-9所示，我们可以从大数据中信息规约与知识发掘、用户搜索需求感知的任务标识与管理以及隐私感知的快速高精度智慧解答等方面入手，寻求科学的技术支撑。

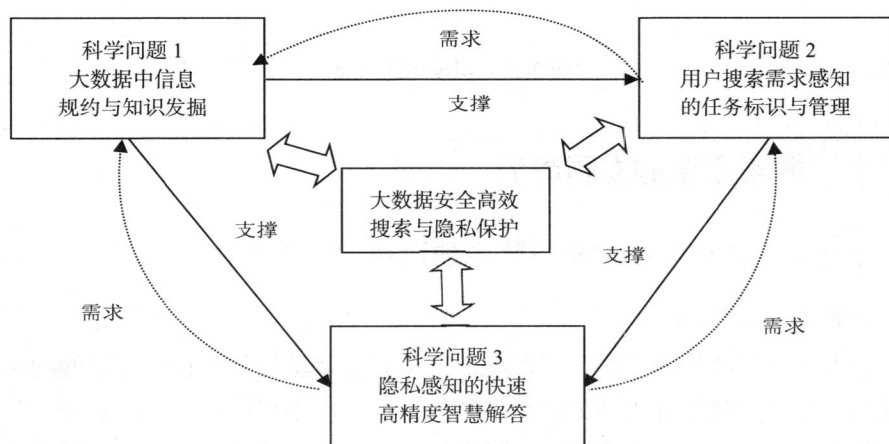

图2-9　技术支撑关系

针对以上三大科学问题，将内容细致划分并寻求各自的特点。如图2-10所示，要深入挖掘面向大数据的信息融合以及知识萃取的相关技术，要充分考虑大数据高维度、时空演化等特有属性，研究粒度化的知识表示和推演技术。由于现有的用户平台不能充分感知不同用户的个性化需求，而且众多平台的特征参数未对用户透明，所以要考虑建设支持平台与用户互动的搜索任务标识模型。同时，要全面掌握用户搜索任务的数据资源特点，着力研究基于用户体验驱动的任务管理技术。另外，大数据搜索是具有生命周期的，要结合不同阶段的特征搭建基于差分隐私的安全搜索机制。

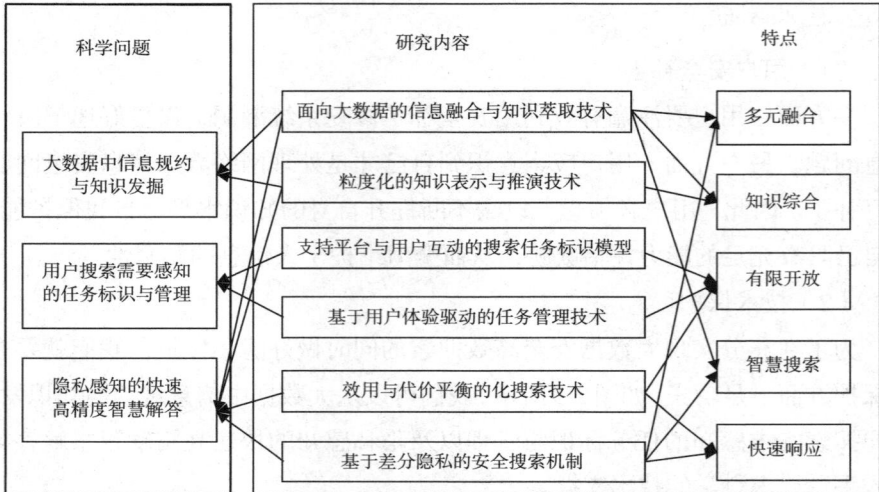

图 2-10　科学问题细化

十、搜索引擎的发展趋势

（一）人工智能在搜索引擎中的运用

1. 机器人智能

随着互联网的快速发展，互联网上的信息数量呈指数增长。互联网的问题已经从"提供信息"变为"如何从广阔的信息海洋中提取有用的信息资源"。现有的搜索引擎具有不必要信息的过多返回、较差的搜索效率、信息混乱等缺点。1950 年以来，人工智能（AI）技术已经能够指导互联网用户，为搜索和导航提供直接支持，并为功能性智能代理提供幕后支持，人工智能在互联网上扮演着越来越重要的角色。

（1）人工智能技术

现在的很多搜索引擎，都使用了具有人工智能特性的技术机器人，其目的是从互联网上获得信息资源。它主要通过一种设计好的超文本链接进行搜索内容的浏览和观察，然后再通过一种叫作统一资源定位器（URL）的技术在超文本标记语言（HTML）的文档窗格进行引用。常规步骤有：第一步，提取有效信息；第二步，将有效信息放入目标数据库当中；第三步，从目标文档中提取其他的URL文档，并进行URL的添加；第四步，重复上述步骤三，直到不再出现新的目标文档为止；第五步，向索引数据库添加查询界面，并发布给在线用户。

在人工智能搜索策略中，算法通常使用两种基本策略：第一个是宽度，第二个是深度。宽度优先的策略允许首先抓取当前页面上的所有URL，因此它可以包含尽可能多的页面。深度优先的策略可创建更好的文档布局，并使查找文档结构（最多的交叉引用）更加容易。两种算法都会分析网页的内容，并确定其是否与用户的搜索字词匹配，以搜索用户所需的网页。它的不足之处在于缺乏进一步分析检索到的网页的能力，并且练习通常很耗时，且信息中有很多冗余和噪音。因此，为了提高搜索效率，我们使用启发式搜索策略来收集网页。换句话说，机器人通过启发式学习采用最有效的搜索策略，并选择最佳时间来获取收集的信息。

（2）启发式搜索算法

常见的启发式搜索算法有两种。一种是加权启发式搜索算法，这种算法通过使用加权启发式搜索算法来对目标的信息资源进行一定程度的控制和收集。该系统基于用户配置的以域为中心的单词，并且处于资源服务器所在的位置。对于地理空间信息而言，我们使用启发式函数来计算每个URL的权重，然后可以选择权重最高的URL首先访问。另一种是将相关性和用户兴趣作为评估功能的启发式搜索算法，这种算法是对于系统维护的超链接队列，根据评估函数的值从最低到最高排序，然后选择最小的队列。评估函数值的超链接将用作下一个要扩展的节点。

2. 智能代理技术

在最近几年的人工智能研究历程中，我们得到了一项快速发展的新人工智能的成果——智能代理技术。它可以通过一些特定的领域模型来搜集特定的信息，达到对用户进行精准投送的目标，进而使用户接收的信息都是对用户有用的信息。这样一来，表示人工智能进入一个终身学习的时代里，并且可以动态的、变化的、选择性的为用户提供有用的信息，进一步提高了服务质量。

（1）智能代理的优点

首先，智能指的就是通过超级大的知识储备和超级严密的逻辑推理能力，分析自身内部所需要的某种需求，并且依据这些猜测用户想要的任务意图，同时还具有自动更新学习、提高知识储备量的能力。凭借丰富的知识和特定的推理能力，可以分析自己的需求，猜测用户完成更复杂任务的意图，并不断体验、不断学习以提高处理问题的能力。其次，智能代理是通过智能的算法对用户的需求进行代替的处理和执行，并将处理的结果与执行的结果通过一种通道反馈给用户本身。再次，主动性，它可以提前通知用户，并根据用户需求和环境变化提供服务。最后，合作性，它可以通过各种通信协议与其他智能代理交换信息，并且可以相互协作完成复杂的任务。

（2）客户端智能代理和服务器端智能代理

客户端智能代理技术主要基于智能搜索代理技术，结合搜索引擎的主题搜索模式，密切关注有需求的个人，完善与用户需求相关的信息和系统，通过协议传输信息。信息交换可以提取更多信息，以弥补智能代理信息搜索范围的局限性。

服务器端智能代理技术引入了用户反馈机制，以改善恢复机制，提高恢复命中率，并为个人提供特殊的恢复服务。这样一来就可以将用户的查询的历史进行详细的记录，再将这些信息与之前别的用户的搜寻进行比对，这样可以使新的用户在搜索的内容上更加准确，质量上也会更加优质。同时其还设置了用户评分界面，来收集用户对搜索的结果的满意程度，将结果再次反作用于下一次的搜索过程当中，实现不断优化和精准内容呈现的功能。

3. 智能查询界面

（1）基于关键词搜索的搜索技术

搜索技术的关键就是要保证使用的搜索引擎在执行搜索任务的时候，搜索的结果能够满足用户的实际需求。但是这种技术难度实在是太大了，因为关键词的数量实在是一个极为庞大的数据库，很难实现关键词的全部覆盖，这就必然会导致关键搜索不到的内容，进而给用户体验感带来不良的影响，更严重的情况是可能会引起不必要的误会。

（2）自然语言查询

在搜索引擎的研究过程中，我们发现需要有一种良好的查询语言以更好地理解来自搜索引擎的用户查询请求。可以用一种叫作自然语言处理的概念和技术来应对人工智能所匹配的自然语言的查询，进而可以克服因为关键词太多、太庞大而导致的查询不能一一对应的不足。把信息检索从点对面的查询改变为面对面的知识层面的检索，这样一来，可以提高对一些特定的内容的识别和处理能力。并且，这样还可以达到知识面分割成为知识点的技能，将大的知识库分解成为小的知识库的技能。如此一来，会使搜索更加具有人性化的特点。知识搜索可以使用语义分析结果执行概念级别的知识库搜索，并为用户所提出的问题提供最准确、最相关的搜索结果。

（二）大数据分析技术与搜索引擎相结合

1. 大量数据堆积

由于人们已经到了离不开信息和数据的地步，所以大量数据开始从各个方面产生，并且堆积在一起。人工整理的数据主要掌握在政府部门、机关组织和一些企业手里，社交产生的数据，如 QQ、微信等聊天数据，或者是邮件、应用程序（App）产生的数据，以及个人的云应用产生的数据，许多用户现在已经选择将数据保存在云端。物联网产生的数据，如水文监测、监控录像等物联网应用，每时每刻都在产生大量的数据。现在正处于大数据的时代，人们可以轻易地利用信息技术快速地了解更多的信息。例如，用户用手机搜索，数据会上传到大数据中心，数据库会分析信息并反馈给应用程序，系统就会清楚地了解到要向不同用户推荐的内容。

2. 大数据对搜索的价值

（1）大数据分析的用途

大数据分析可分为可视化分析、数据挖掘算法、预测性分析能力、语义引擎、数据质量和数据管理、数据存储、数据仓库。

（2）将两种技术相融合的价值

根据多方面查找的资料和对这两种技术的分析发现，由于现在人们使用的搜索引擎还无法和大数据分析深度结合，不能更直观地展现给使用者，所以没有了解过大数据分析的人使用搜索引擎是无法查得出未来事情的，只能凭借猜想。因此，我们需要将搜索引擎更进一步智能化，使抓取的网页和提取的数据更加精确，由搜索引擎自我进行大数据分析并给出结果，这样在人们搜索时就可以得到更深入、更有效的答案，不需要人们自己去查找数据库、分析数据、得出结论。即在现有搜索引擎的基础上，提高对大数据处理和分析的能力。

3. 大数据分析技术与搜索引擎技术相结合的必然性

搜索引擎与大数据分析技术相结合，将搜索引擎建立在知识库、数据库技术的基础上，使搜索更加智能化，并通过对信息进行提取和分析，能够精准地实现智能化搜索这一特点。时代进步，科技发展，搜索引擎技术也一步步地从最初分类目录导航进化到海量网页关联再更新到细粒度的知识实体抽取，从第一代进化到第三代，搜索引擎技术变得越来越成熟，囊括的辅助性的知识内容也越来越多，简简单单的一行搜索框背后隐藏着极其复杂的机制。人们想要的是找准唯一的、正确的答案，所以搜索引擎与大数据分析技术相结合是未来必不可少的、更加智能的搜索技术。

第二节　谷歌特色检索应用

一、谷歌简介

拉里·佩奇和谢尔盖·布林在 1998 年 9 月创建了谷歌这个搜索引擎，让用户可以通过这个工具在互联网上对信息进行搜索。从 1998 年创立以来，谷歌富于创新的搜索技术和典雅的用户界面设计使其从当今的第一代搜索引擎中脱颖而出。谷歌是全球最大的并且最受欢迎的搜索引擎，主要的搜索服务有网页、图片、音乐、视频、地图、新闻、问答等。虽然谷歌在中国的发展历经了种种风波，但因其高学术性，对全球资源的高效整合，受到了广大应用者的欢迎。

二、谷歌特色功能

（一）谷歌学术搜索

1. 谷歌学术搜索简介

谷歌学术搜索是一个可以免费搜索学术文章的谷歌网络应用。谷歌学术搜索可以从一个位置搜索来自学术著作出版商、专业性社团、各大学及其他学术组织的经同行评论的期刊论文、学位论文、书籍、预印本、文摘和技术报告等学术文献，内容涵盖自然科学、人文科学、社会科学等多种学科。

2. 谷歌学术搜索的特性

（1）谷歌学术搜索的搜索特性

①谷歌学术搜索具有极为广泛的学术信息来源，除谷歌自身的上百亿个网页外，它还与学术出版商合作，它能够帮助科研工作者查找包括期刊论文、学位论文、书籍、预印本、文摘和技术报告在内的学术文献，其内容涵盖自然科学、社会科学等众多学科。这是其他普通网络搜索引擎所不能比拟的。

②谷歌学术搜索具有极强的"滤波器"功能，不仅能把与搜索字词无关

的内容过滤掉，也可以过滤掉普通网络搜索引擎中对科技人员无用的大量冗余信息。

③谷歌学术搜索提供了"高级学术搜索"页面，可使搜索的结果更为准确和有效。通过谷歌学术搜索不仅能了解某学者的著述，较易获取其论文著述全文，而且能获取某学者、某项目、某领域最新的研究进展。谷歌学术搜索对科研人员来说，其特色是"免费"与"方便"，不需要花钱，也无法律问题，无须注册、登录之类的烦琐。仅要在搜索框内输入搜索字词（又称"关键词"）或某学者的名字就能获取相应的结果。

④通过使用谷歌学术搜索，比较某一时间段内的搜索结果，能看出某研究项目的研究趋势的变化。例如，人工神经网络最初研究的人多，发表论文也多，后由于其实现困难而使研究人员减少，发表论文数量呈下降态势。

⑤谷歌学术搜索的搜索结果是个"变量"值，最有价值的文献信息会显示在页面顶部，某文章被其他学术文献引用频率反映该文章学术价值的高低，是否有指导意义。

（2）谷歌学术搜索的使用特性

打开谷歌学术搜索的搜索网页，在其搜索框内写入搜索字词（又称"关键词"），如文章题名或作者姓名，搜索字词（可以用中文或英文），进行搜索，即可得到搜索结果。谷歌学术搜索可以像"滤波器"一样，过滤掉普通网络搜索引擎中与搜索字词无关的大量冗余信息，进而提炼出有用的学术精华。

（二）谷歌图书搜索

1. 谷歌图书搜索技巧

谷歌图书提供高级搜索功能，用户可以自由限定图书搜索条件，这些条件可以组合使用。限定条件包括图书名称、作者、出版商、出版日期、国际标准书号（ZSBN）和国际标准刊号（ISSN）以及图书来源的网页语言。用户还可以限定搜索结果显示范围，如具有不同浏览限制范围图书（可全文浏览、可部分浏览等），如图书的性质（图书、杂志等）。未学习过高级检索的普通用户可以通过友好的用户界面达到使用布尔运算检索的技巧。谷歌检索模式可谓尽善尽美，如果用户熟知布尔运算，那么可以在谷歌的普通检索界面直接进行高级检索。

谷歌的高级检索算式有以下几个。

①空格和AND（小写and同样），表示同时检索多个关键词，并且结果出现所有关键词，关键词之间加空格或者AND就可以了。

②用 OR（小写 or 同样）表示检索所有关键词，但结果出现至少其中一个关键词。目前谷歌对这个检索式支持不完善，如果添加 OR，出现的搜索结果和 AND 一样。添加"｜"符号，只显示含有符号前面关键词的结果。

③用符号"-"表示结果限定，出现符号"-"前面的关键词，但不得包括符号后面的关键词，符号"-"需要和前面的关键词间隔一个空格，和后面的关键词紧挨着。

④"？"代表单个字符，"*"代表一连串字符。谷歌对通配符支持也很有限。其实这两个符号都只能替代单个字符，这两个符号最好的使用效果是放在关键词中间。比如"红＊楼"，这样搜索出的结果就不会都是"红楼梦"了。

2. 巧用谷歌图书搜索

谷歌提供的这些检索组合基本满足用户需求。在用户体验上，优化后的检索界面也可以完成用户深层次的需要。如果读者检索一本记忆有偏差的图书，忘记了书名，则可以通过其他相关信息查询，因为谷歌图书搜索是全文数据库，所以只要记住书中的部分内容，即使是一个词也可以完成检索。

第三节　百度特色检索应用

一、百度简介

百度是全球最大的中文搜索引擎，是中国最大的以信息和知识为核心的互联网综合服务公司，更是全球领先的人工智能平台型公司。百度公司在 2000 年 1 月 1 日创立于中关村，公司创始人李彦宏拥有"超链分析"技术专利，也使中国成为美国、俄罗斯和韩国之外，全球仅有的 4 个拥有搜索引擎核心技术的国家之一。

作为全球最大的中文搜索引擎，百度每天响应来自 100 余个国家和地区的数十亿次搜索请求，是网民获取中文信息最主要的入口。百度以"用科技让复杂的世界更简单"为使命，不断坚持技术创新，致力于"成为最懂用户，并能帮助人们成长的全球顶级高科技公司"。

百度是中国最大的以信息和知识为核心的互联网综合服务公司。在 AI 驱动下，百度的移动生态是中国最大的以信息和知识为核心的移动生态，以百家号、智能小程序和托管页为主要支柱。2019 年百度用户规模突破 10 亿。百度 App 日活跃用户 2 亿，信息流位居中国第一。百家号创作者达到 260 万。百度智能小程序是国内唯一完全开源的小程序平台，日活跃用户规模破 3.16 亿。百度知道、百度百科、百度文库等六大知识类产品累计生产超 10 亿条高质量内容，构建了中国最大的知识内容体系。

二、百度特色功能

（一）百度百科

百度百科是百度 2006 年 4 月推出的网络百科全书，其特点是内容开放、自由，由所有人共同协作编写，从而让知识在一定的技术规则和文化脉络下得以不断组合和拓展，为用户提供一个创造性的网络平台，强调用户的参与和奉献精神，充分调动网上所有用户的力量，汇聚上亿用户的智慧，积极进行交流和分享，同时实现与搜索引擎的完美结合，从不同的层次上满足用户对信息的需求。成为全球最大的中文网络百科全书是百度百科的目标，截至 2020 年 10 月，百度百科已经收录了超 2100 万个词条，参与词条编辑的网友超过 717 万人，几乎全部已知的知识领域都被涵盖了进来。

（二）百度文库

百度文库是互联网分享学习的开放平台，供网友在线分享文档。2010 年 1 月 10 日，百度文库文档数量突破 1000 万。2010 年 7 月 8 日，百度文库手机版上线。2011 年 12 月，百度文库优化改版，内容专注于教育、PPT、专业文献、应用文书四大领域。2013 年 11 月，百度文库正式推出文库个人认证项目。2014 年 4 月，百度文库文档数量已突破一亿。2019 年 5 月，原归属于百度新兴业务事业群（EBG）的百度教育事业部被撤裁。原百度教育事业部旗下产品百度文库业务进入百度内容生态部门。2019 年 11 月 7 日，百度文库与首都版权产业联盟等单位联合推出版权保护"文源计划"，力求"为每篇文档找到源头"。

用户要想在线阅读和下载资料，就需要先注册一个百度账号，而平台所累积的文档，全部都是用户自发上传的，对于用户上传的文档内容，百度自身是不会进行编辑或者修改的。通过上传文档，用户可以获得平台虚拟的积分奖励，这些虚拟的积分可以用于下载上传用户已标价的文档，免费文档登录后即可下载。百度文库已经实现了支持手机终端，并且完善了多种文档格式（如 DOC、PPT、PDF、TXT、XLS）的兼容和批量上传功能。

（三）百度知道

百度知道是一个基于搜索的互动式知识问答分享平台，于 2005 年 6 月 21

日发布，并于 2005 年 11 月 8 日转为正式版。百度知道一直探索国际化发展，于 2012 年 3 月 31 日发布百度知道台湾版。百度知道这种搜索模式是用户以自身的具体需求为依据提出问题，通过积分奖励机制发动百度知道界面其他用户，来解决该问题。这些问题的答案又会变成搜索结果，提供给其他有类似疑问的用户，以此实现知识的分享。

能够和搜索引擎完美结合是百度知道最大的特点，让用户所拥有的隐性知识转化成显性知识，用户是百度知道内容的使用者与创造者，在这里累积的知识数据可以反映到搜索结果中。通过用户和搜索引擎的相互作用，实现搜索引擎的社区化。

百度知道也可以看作对搜索引擎功能的一种补充，让用户头脑中的隐性知识变成显性知识，通过对回答的沉淀和组织形成新的信息库，其中信息可被用户进一步检索和利用。这意味着，用户既是搜索引擎的使用者，也是创造者。百度知道可以说是对过分依靠技术的搜索引擎的一种人性化完善。

（四）百度学术

百度学术搜索收录了 120 多万个国内外学术站点，索引了超过 12 亿学术资源页面，建设了包括学术期刊、会议论文、学位论文、专利、图书等类型在内的 4 亿多篇学术文献，成为全球文献覆盖量最大的学术平台，在此基础上，构建了包含 400 多万个中国学者主页的学者库和包含 1 万多中外文期刊主页的期刊库。以上强大的技术和数据优势，为百度学术搜索服务打下了坚实的基础，目前每年为数千万百度学术用户提供近 30 亿次服务。

百度学术提供的服务如表 2-1 所示。

表 2-1　百度学术提供的服务

学术搜索	学术服务	
文献检索 期刊检索 学者检索 图书馆定制检索	订阅 收藏 开题分析 查重检测	文献互助 单篇购买 数据库导航

第三章　文献信息检索基础

文献信息检索能够避免科研的重复劳动，促进国家科技经济发展以及能够提高人员的信息素质，促进创新人才的培养。因此，对文献信息检索进行研究，了解文献信息检索的基础是十分必要的。本章主要分为文献信息检索概述、文献信息检索语言、文献信息检索工具、文献信息检索技术、文献信息检索方法与途径五部分。本章主要内容包括文献信息检索的概念、文献信息检索的步骤、检索语言的含义、文献信息检索语言的基本类型、文献信息检索工具的职能、文献信息检索工具的类型、文献信息检索技术的定义以及文献信息检索技术的类型等方面。

第一节　文献信息检索概述

一、文献信息检索的概念

文献检索的本质为信息检索，是在信息汇总为文献合集后，再从文献合集中查找对应文献资料的一种实践活动。用户可利用系统化检索平台查找、获取文献的相关信息，以此来实现文献信息检索的目的。在各学科的研究工作中，文献信息检索是获取相关资料的主要手段。随着社会的进步，文献信息检索的方法不断创新，检索流程持续优化。

二、文献信息检索的步骤

文献信息检索的步骤，如图 3-1 所示。

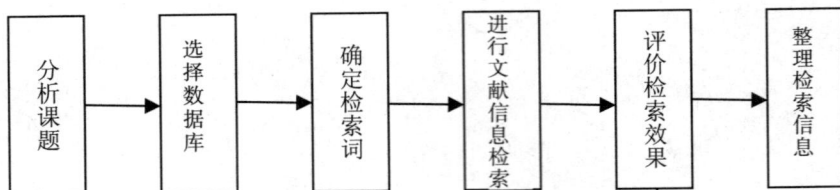

图 3-1　文献信息检索的步骤

第一步，分析研究的课题，明确文献信息检索的方向与侧重点，确定检索文献信息的方法和时间。

第二步，依据第一步确定的文献信息检索的方向与侧重点，选择检索的数据库。由于数据库的选择直接影响检索文献信息的质量，所以应尽量选择内容全面、涵盖范围较广的数据库，或者采取多个数据库组合检索的方式。现有数据库的种类非常多，有超星、书生之家等图书数据库，有国内外学位论文数据库，有专利、标准等数据库，有百度、搜狐等搜索引擎类的数据库。

第三步，确定文献信息检索的检索词。检索词应选择研究课题的关键词或关键词的组合，在选择时应尽量选择规范的专业术语、含义较为明确的词语，或选择与关键词意义相同、相近的词语。

第四步，制定检索式、选择检索点并进行文献信息检索。在制定检索式时，应使用逻辑表达式 and、or、not 等组合检索词，应找出检索词中隐含意义，丢弃无用的词语。在检索过程中，时常出现检索到的文献信息太多或者太少的现象，在这种情况下应对检索词进行优化，通过不断地调整，逐步将检索到的文献信息量控制在合理范围内。

第五步，进行检索效果的评价。对检索效果进行评价应依据查全率和查准率两个指标。查全率是指将所需的文献信息都检索出来的比率，计算公式为，检索到的文献信息总量 / 数据库中相关文献信息总量 ×100%。查准率是指检索到的文献信息都是相关文献信息的比率，计算公式为检索到的相关文献信息总量 / 检索到的文献信息总量 ×100%。由于查全率和查准率存在一定的互逆关系，因此应在查全率和查准率两个指标上进行权衡，一般的要求是只要达到查全率在 60%～70%，查准率在 40%～50% 就能够实现检索目的。

第六步，对检索到的文献信息进行归纳、整理。只有经过反复的归纳和整理，才能够实现对文献信息的有效利用。

三、文献信息整理及利用

在文献信息检索后，首先需要进行文献信息的整理。面对大量检索到的文献信息，如果杂乱无章地阅览和引证，不但消耗时间与精力，还会造成文献信息引证的不系统、不完整，只有将文献信息进行整理，才能高效、合理地利用文献信息。目前的文献信息整理方法有很多，综合来看包含两个方面：一方面是借助参考文献管理工具的文献信息整理方法，这类管理工具既有国外常用的 RefWorks 和 Endnote，也有国内功能突出的 NoteExpress；另一方面是通过传统手工卡片式管理或通过其他方法进行整理。文献信息的查找主要目的就是要为研究课题所利用，所以要想在文献信息中找出有价值的内容，就必须在错综复杂的文献信息之中加以鉴别。所以，我们应针对整理后的文献信息进行深入分析，确定课题研究参考的框架，明晰课题研究的方向，然后对参考文献信息进行引用。

第二节 文献信息检索语言

一、检索语言的含义

检索语言是一种专门化的人工语言，是在文献信息检索过程中用来描述文献特征和表达信息提问内容的语言，是信息组织、存储和文献检索过程中共同使用、遵循的语言。检索语言将文献的存储与检索联系起来。标引人员用其标引文献，将文献存储于检索系统中；检索人员用其表达信息检索内容，以便把所需文献从检索系统中检索出来。因此，对于信息加工人员和信息用户来说，了解并掌握检索语言是很有必要的。因使用场合不同，检索语言也有不同的称谓。在存储文献的过程中用来标引文献，叫标引语言，用来索引文献则叫索引语言，在检索文献的过程中则为检索语言。

二、文献信息检索语言的基本类型

（一）外表特征语言和内容特征语言

1. 外表特征语言

文献信息检索外表特征语言指的是能够直接作为文献标识与检索依据的信

息，如题名、作者姓名、机构、出版地、出版社、ISBN 号、专利号、标准号等，是文献上客观存在、显而易见的外部信息。

2. 内容特征语言

文献信息检索内容特征语言是对文献的内容进行分析、判断后得出的主题概念或学科类别，并按一定的结构和规则予以描述的人工语言，如分类号、主题词、关键词等。若文献信息在组织时采用从文献内容中分析得出的分类号、主题词、关键词等进行排序，在检索时也相应地以反映其内部特征的分类号、主题词、关键词等进行搜索。

（二）人工语言与自然语言

1. 人工语言

人工语言也叫规范语言或受控语言，是指人为地对标引词和检索词的词义进行控制和管理的语言。简言之，就是受主题词表或分类表等控制的检索语言，包括分类语言和主题语言中的标题词语言、叙词语言、单元词语言等。

2. 自然语言

（1）自然语言简介

从整体上说，自然语言指的主要是文献作者和相关编写者语言运用的最原始的语言。自然语言处理通俗地讲就是让计算机理解人们的自然语言，并且在运行中可以输出和生成自然语言，在人类和计算机之间建立起一种融洽、和谐的关系，从而使之开展良好的合作和信息传递工作。

（2）自然语言处理

自然语言处理又被称为人机对话，是指计算机对于人类语言中的发音、意义进行分析、处理和加工，也就是指识别、输入、分析、理解、生成、输出语言所使用的字、词、句、篇，简单来说，是指通过这种操作让人可以使用自然语言来与计算机进行有效交流的一种技术。自然语言处理技术包括理解和生成自然语言的两个主要过程。一个是计算机对自然语言进行的意义引进的理解和掌握，另一个是在理解之后通过正确的语言来表达目标意图。之所以要发展这项技术是因为计算机在人工智能不断发展的情况下，需要处理更多复杂的问题，而一般的编程语言已经不能满足要求，因此需要进一步发展自然语言来摆脱这种困境。自然语言处理过程如图 3-2 所示。

```
         ┌─────────┐
         │  开始   │
         └─────────┘
              │
              ▼
┌────────────────────────────────┐
│   使用者在搜索引擎中输入描述性语言   │
└────────────────────────────────┘
              │
              ▼
┌────────────────────────────────┐
│   通过自然语言处理、分析使用者输入的 │
│     语言、定位到数据集及字段        │
└────────────────────────────────┘
              │
              ▼
┌────────────────────────────────┐
│   系统自动匹配数据库的数据，经过     │
│     计算，系统判断出最优范围内的推荐  │
│   图表，并以可视化的形式反馈给使用者  │
└────────────────────────────────┘
              │
              ▼
         ┌─────────┐
         │  结束   │
         └─────────┘
```

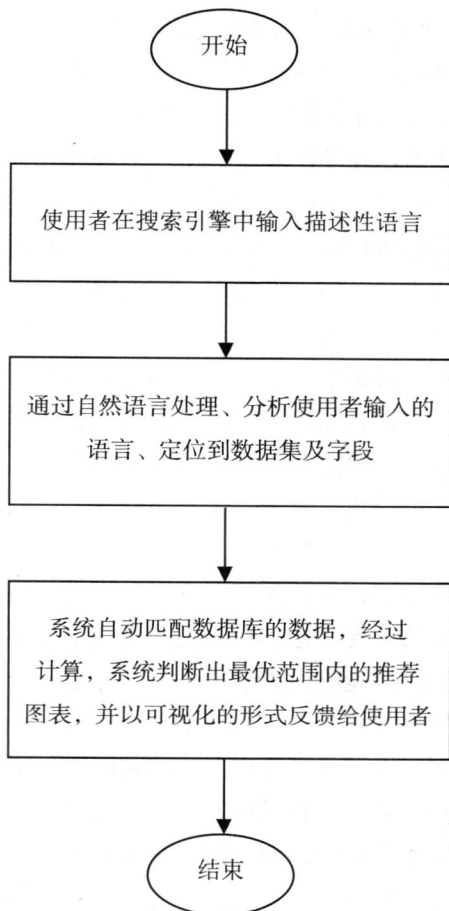

图 3-2　自然语言处理过程

　　计算机学习模仿人类在日常交流中的行为习惯和使用方式，对如英语、汉语等人类使用率高的语言进行分析、理解和运用，通过这样的准备，在人类与计算机进行交流对话的时候，计算机就可以针对人类所提出的问题进行分析和处理，如进行翻译、查找等操作。自然语言处理技术就是达成这种人机交流的关键节点。但由于自然语言是一种口语化的语言，它不同于一般编程语言的程序性和科学性，且随着不同的地方和个人的差异有着不同的表达方式和习惯，特别是一些方言很难掌握，因此这也是一项非常困难的技术。计算机常常会在接收语言的过程中产生错误的理解，或者不能理解语言所表达的意思，从而执行表达出错误的结果，带来一定程度上的麻烦。因此为了更好地实现人与计算机的沟通交流，我们还需要更加努力地去完善和发展自然语言处理技术。

（3）自然语言处理相关技术与应用领域

首先，个性化智能推荐。个性化智能推荐以自然语言文本挖掘为基础，具有信息过滤的作用，能够以用户档案或者历史行为记录为依据，对用户的兴趣爱好进行学习，进而从给定物品出发，对用户的偏好或者评分进行预测。在电子商务的发展过程中，信息处理面临着信息过载的问题，用户如何在快速增长的资源中对自己所需信息进行准确定位，是一个重要的问题，正如同商家需要向用户提供精准恰当的服务一般，都存在一定的难度。推荐系统的出现，在一定程度上解决了这个问题，在系统运行过程中，能够对用户的行为进行跟踪，提供商品推荐，提高用户决策效率。个性化推荐促进了商家与用户沟通方式的转变，彼此交互性更强。在新闻服务领域内，数据分析更为细致化，从用户所阅读的信息内容、时长以及评论等偏好出发，对用户所关注的信息源及信息核心词汇进行综合且专业的分析、整理，实现个性化、定制化的新闻服务，确保用户体验性与黏性都能够得到明显提升。

其次，语音识别技术。以机器为支持来对过程进行识别和理解，促进语音信号向文本与命令技术的转变，这就是语音识别技术的整个过程。从本质上来说，这就是确保人类的语言能够为机器所理解，促进人类语音词汇内容向计算机可读数据的转化，从而满足相关应用需求。在这一过程中，需要将连续讲话进行合理分解，建立规则以准确理解语义。前端降噪、语音切割分帧等都是语音识别技术的重要流程，可将该技术框架分为声学模型、语言模型以及解码这三个方面。随着智能技术应用的不断发展，家居也得以实现智能化，通过红外遥控器对家电进行控制，但空间位置往往会对红外线传输产生一定影响，通过集成设备来对电源进行自动切断，对频道进行自动调换，在这一过程中实现了多个遥控设备的集中化，常用功能可通过声音控制来实现。在智能技术实际应用过程中，若双手无空闲，则可实现语音与智能音箱交互，进行遥控、问答、网购等各项操作。在淋浴过程中，水温以及室外空调温度的控制可通过语音来实现。在驾驶汽车的过程中，手机需显示地图，可通过智能音箱来打电话，这就能够减少对驾驶员的干扰。

最后，机器翻译技术。机器翻译具有较强的自动化特征，在计算机技术的支持下，将源语言向目标语言转化。随着跨境电子商务的快速发展，与不同语言相关的问题也逐渐出现，网站内部跨境电子商务业务的开展，与网站、App的多语言化都存在着密切联系，用户在搜索过程中渴望使用自己的语言，但对于跨境电子商务网站来说，为满足用户独特的搜索引擎建立的需求而投入较大成本是不可行的。用户所想要寻找的类别可通过网站内部导航来实现，明确自己所需要的商品。在一般情况下浏览标题之后，用户会仔细看具体描述以及相关评论，以更为全面地了解商品。若受到语言的影响，用户无法获取自己所需的信息，则会毫不犹豫地关掉页面，这就会在一定程度上形成用户流失的问题。在海量信息条件下，信息交互需求也明显增大，大数据翻译可通过机器翻译技术应用来实现，机器翻译应用层也不断涌现，每日实际在线翻译量在1万亿词以上。

（三）主题检索语言

主题检索语言是直接以代表文献内容特征和学科概念的名词术语作为标引和检索标识，并按字序组织起来的一种检索语言。主题检索语言提供了一种直接面向文献主题概念的组织方法和检索途径，具有直观性、专指性、灵活性等特点。

主题检索语言可以分为四种。

①标题词语言。标题词语言是从文献的题目和内容中抽取出来，经过规范化处理，能表达信息主题概念的词、词组或短语。

②关键词语言。关键词语言是直接以从文献的题名、正文和文摘中抽选出来的，能够揭示文献主题和内容特征的、具有实际意义的自然语言作为标引和检索文献的语言。

③单元词语言。单元词语言指从文献中抽取出来的，经过规范化处理，能表达文献主题的最基本的、不能再分的词语，又称元词。

④叙词语言。叙词语言是指一些以概念为基础的，经过规范化的，具有组配功能并可以显示词间关系和动态性的词或词组。

（四）分类检索语言

分类检索语言，也称为分类法，是用一系列概括文献内容的词语或分类号来表达各种概念，将各种概念按学科性质进行分类和系统排列的一类文献检索语言。对文献分类的研究在东西方都有悠久的历史，至20世纪逐步形成较完善的分类理论和分类法。图书分类法是分类图书的工具，它由许多类目组成，根据一定的编排原则，通过标记符号来代表各级类目并固定其先后顺序。图书分类法又指图书分类表，是依照一定的思想观点，以科学分类为基础，结合图书资料的内容和特点，分门别类组成的分类表。图书采编部的分类人员根据图书分类表，对图书的内容、形式与体裁、读者对象等特点进行分析，归入分类表中最为恰当的类目，并将代表该类目的标记符号印在书标上，这就是书标上分类号的来历。古今中外的图书分类法不计其数，国外著名的分类法主要有国际十进分类法、杜威十进制图书分类法等。

国内目前采用的分类法主要有：中国图书馆分类法、中国人民大学图书馆图书分类法、中国科学院图书馆图书分类法。其中，以中国图书馆分类法使用最为广泛，一般的公共图书馆、专业图书馆以及大学图书馆基本上都采用中国图书馆分类法来对图书进行分类。

第三节　文献信息检索工具

一、文献信息检索工具的职能

文献信息检索工具是用来报道、存储和检索文献线索的一种工具。它是对一次文献进行整理加工后形成的一条条文献著录款目，并按一定体系和方法编排，提供一定途径的二次文献。它具有的职能有以下几点。一是报道职能。它把大量分散的文献收集起来以题录、文摘等形式予以报道，揭示文献的具体内容。二是存储职能。它将文献的内外特征著录下来，成为一条条文献线索，并按一定的原则系统地排列起来，构成一个可供人们从不同途径加以利用的集合体。三是检索职能。它是通过一定的检索途径和方法，从检索工具或检索系统中查出所需文献的过程。

二、文献信息检索工具的类型

文献信息检索工具的类型如表 3-1 所示。

表 3-1　文献信息检索工具的类型

划分标准	类型	备注
按出版形式划分	期刊式检索工具 单卷书本式检索工具 附录式检索工具 卡片式检索工具 COM 式检索工具 机读式检索工具	—

划分标准	类型	备注
按著录的文献要素划分	目录 题录 文摘 索引 文献指南 书目之书目	—
按收录内容范围划分	综合性检索工具 专业性检索工具 专题性检索工具	综合性检索工具是综合收录多种学科和多种专业内容的检索工具； 专业性检索工具是以某一专业的文献为对象编辑而成的检索工具
按信息处理的手段划分	手工检索工具 机械检索工具	手工检索工具是指由检索者人工进行查阅的印刷型检索工具，如印刷行的目录、随录、文摘、索引等； 机械检索工具是利用力学、电学、电工学等原理和方法帮助检索的工具

下面主要对以著录的文献要素为依据进行划分的检索工具进行划分。

①目录。目录是单独成册出版的、著录内容为图书及其他单独出版物的外部特征的检索工具，主要是指图书目录。目录的著录事项包括书刊名称、编著者姓名、出版机构、出版年代和版次，全书（刊）的页数、开本，版权单位、书刊价格、分类号和国际统一书号等。

②题录。题录是以篇为单位、专门著录报刊论文（或图书）题目等外部特征的检索工具，主要指期刊论文目录。题录的著录内容主要是文献的篇名、著者姓名和语种。

③文摘。文摘是著录内容为原始文献的外表特征和主题内容摘要的一种检索工具。

④索引。索引是著录内容为文献的各种外表特征或内容特征，并将这些特征系统化的一种提示性的检索工具。它将文献中所刊载的论文题目、著者、主题词、名词术语、地名、分子式、所引用的参考文献等经过分析后分别摘录出来，将它们按照一定的规则及排列方式组织起来，并注明其所在书刊中的页码，便构成了索引。

⑤文献指南。文献指南主要介绍某一学科的主要期刊或其他类型的一次文献，介绍有关这些文献的各种检索工具和重要参考书，介绍文献检索方法，介绍索引的编制特点和使用方式，以及介绍使用图书馆的一般方法。

⑥书目之书目。书目之书目就是检索工具的目录，把各种检索工具按一定的规则组织起来，并介绍这些检索工具的内容、特点和使用方法。

第四节　文献信息检索技术

一、文献信息检索技术的定义

文献信息检索技术是指利用现代信息检索系统，如联机检索、光盘检索或网络检索系统，检索文献有关信息或数据库所采用的相关技术。随着计算机技术、数据库技术、网络技术和人工智能等的进步，文献信息检索技术也在发展过程中，出现了许多新的研究热点。

二、文献信息检索技术的类型

（一）布尔逻辑检索

在计算机信息检索中，单独的检索词一般不能满足课题的检索要求。19 世纪由英国数学家乔治·布尔提出来的布尔逻辑运算符的运用，在一定程度上满足了用户的检索需求。布尔逻辑检索是运用布尔逻辑运算符对检索词进行逻辑组配，以表达两个检索词之间的逻辑关系。常用的组配符有 and、or、not 三种。布尔逻辑检索是最常用的计算机检索技术，在一些检索系统中 and、or、not 组配符可分别用 ×、+、- 代替。

（二）截词检索

截词检索是指利用检索词的词干或不完整词形进行信息查找的一种检索方

法，也称截断检索、词干检索或部分一致检索。由于截词检索实际上是使用通配符或截词符来进行的，所以有人将其归入模糊检索的范畴。狭义的截词检索对象为单词、词组，广义的截词检索对象已经发展到文献题名、文摘，甚至文献全文。

（三）字段限制检索

字段限制检索是在检索系统中对检索词出现的字段做一些限制，其作用是能多方位检索到自己所需要的信息。字段限制是每一个计算机检索系统为提高检索效果配备的一项重要功能。根据数据库结构可知，多个字段才能构成一个完整的记录，将检索词限制在记录的某一个特定字段内进行检索，不但可以减轻机器负担，提高运算速度，还可以使检索结果更准确。

（四）加权检索

加权检索是一种定量检索技术，不同于布尔逻辑检索、截词检索、字段限制检索等以定性的方式来表达检索词之间的组配关系，它是用一定的数值来表达不同检索词的重要性差异的。加权检索的重点不在于判定检索词是否在文献中出现以及与其他检索词的关系，而在于判定检索词在满足检索逻辑后对文献命中与否的影响程度。加权检索可以缩小检索范围、提高查准率，但并非所有的系统都提供加权检索，能够提供加权检索的系统，对权的定义、加权方式、权值计算和检索结果的判定都有不同的技术规范，目前存在两种基本的加权检索方法：词加权检索和词频加权检索。

三、文献信息检索技术的发展趋势

（一）大数据在文献信息检索技术中的应用

1. 互联网时代大数据对文献信息检索工作的影响

在互联网、移动智能设备以及通信技术快速发展的背景下，数据传播迎来了新的革命，其显著标志就是大数据时代的到来。2016 年谷歌数据显示，谷歌搜索引擎每天处理的数据超过 24 拍字节（1 拍字节 =1024 太字节 =2^50 字节）。2016 年百度的数据显示，每天百度搜索引擎上的搜索数据超过 50 亿次。而在著名的社交平台脸书（Facebook）上，2016 年音乐的播放次数超过 220 亿次，每天都登录脸书的用户超过 5 亿。由此可以看出，当前互联网平台上的数据呈现出爆发式增长的态势，大数据时代已经真正到来。

那么，究竟何为大数据？麦肯锡公司认为，大数据是利用传统数据库工具，难以对数据进行提取、分析和处理的数据集合。国际数据公司却认为，大数据是运用新型计算机技术，从巨大体量的数据中，挖掘出有价值数据的思维和方法。数据科学家舍恩伯格认为，大数据是不同类型数据的集合。由此可以看出，站在不同的角度，可以对"大数据"的具体定义有不同的理解，但从上述关于"大数据"的定义中也可以看出，"大数据"是相对于传统数据处理技术、工具以及方法而言的，其在数据挖掘、分析与处理过程中，具有数据量庞大、数据处理速度快、价值密度低等特征，云计算系统是大数据的重要技术和工具。

文献信息检索是借助计算机和互联网，通过一定的方式，对文献信息进行检索、组织和存储，以找出符合用户需求信息的过程。从文献信息检索的定义可以看出，文献信息检索的本质就是数据的收集、处理以及使用的过程。大数据时代的到来给文献信息检索工作带来了显著的影响。

一方面，文献信息检索模式的变化。大数据时代的数据种类呈现出多元化的趋势，结构化数据、半结构化数据、非结构化数据都是重要的大数据组成部分。但这些数据仅仅依靠传统的关系型数据库系统是无法进行存储的，必须构建云存储系统才能对各种类型数据进行存储。这就使我们在进行文献信息检索时，不能只是依靠某一个服务器进行检索，而是必须通过多个存储服务器进行检索，这改变了原来集中串行式的检索模式。

另一方面，文献信息检索的智能化。在传统文献信息检索模式之下，依托传统的文献信息检索工具，并不能对用户的文献信息检索行为数据进行分析，但依托大数据平台，却可以对用户的文献信息检索行为展开数据分析，如对用户文献信息检索的内容偏好、检索渠道展开分析，就可以构建智能化的文献信息检索系统，有助于提高检索效率。

2. 互联网时代文献信息检索工作中大数据运用的困境

在互联网时代，大数据在给文献信息检索工作提供便利的同时，也改变了传统的文献信息检索条件和模式。但大数据的应用必须以一定的技术、设备以及人员作为支撑。就文献信息检索而言，目前应用大数据开展文献信息检索仍然面临着一定的困境。

（1）缺乏统一的大数据文献信息检索系统

从前面的论述可知，大数据时代的数据种类较多，只有通过构建统一的云系统，才能对各种数据进行处理和分析。但在我国传统的文献信息检索模式中，主要应用的是集中串行检索方法，这种文献信息检索方法主要是对文字和图片信息进行检索，但对于视频、音频等数据信息，却难以进行有效的检索。虽然目前文献信息检索平台较多，如百度、谷歌、雅虎等，都是重要的文献信息检索平台，但每个平台的信息索引机制都有所不同，这些文献信息检索平台的很多信息资源都只能覆盖一定的范围，这导致用户使用不同的文献信息检索平台，其所得到的信息数据会有所差异。不仅如此，目前我国信息数据库系统分割现象比较严重，很多数据库之间的信息是不能互通和共享的，如在学术文献信息检索领域，知网、万方、维普等系统中的文献是不能共享的，这就不利于用户通过一站式检索的方式进行学术文献信息检索。由此可以看出，由于缺乏统一的大数据检索系统，导致用户在文献信息检索过程中，很难运用大数据系统进行文献信息检索，这就降低了文献信息检索的准确度和效率。

（2）普通用户利用大数据进行检索的难度大

在大数据时代，数据的价值密度较低，要从海量的数据中筛选出有价值的数据，就要求文献信息检索工作人员必须掌握使用大数据工具的技巧和方法，并将其运用到文献信息检索过程中，才能有效地发挥大数据在文献信息检索中的作用。目前很多文献信息检索工作人员并没有接受过专业的大数据工具使用培训，对大数据的认识，只停留在语义层面，大部分用户主要通过在网络平台上输入关键词的形式进行检索。但大数据系统中的数据数量、体量十分庞大，只是通过输入关键词这种检索形式，难以得到准确的文献信息检索匹配结果。

不仅如此，大数据系统实际上是由多个子系统构成的，要得到准确的检索结果，就必须对各个子系统的数据进行检索。但目前普通用户习惯了通过某一个固定平台进行文献信息检索，这也使普通用户难以从大数据系统中检索出有价值的信息。以图书馆文献信息检索为例，大部分用户只是习惯通过知网学术系统进行文献信息检索。实际上，知网学术系统中的外文文献较少，只是通过该系统进行文献信息检索，并不能得到全面的文献数据信息。由此可以看出，在大数据背景下，普通用户利用大数据进行文献信息检索的难度不可低估。

（3）缺乏个人隐私信息保护机制

隐私保护是文献信息检索工作中日常遇到的问题，在传统的检索方法和模式之下，用户检索的信息往往具有片面性，与用户需求不相关的数据信息，一般不会在文献信息检索过程中呈现出来。但在使用大数据进行文献信息检索之后，很有可能在检索结果中呈现出大量与用户需求不相符的信息，其中有些信息可能就会涉及个人隐私。同样以学术文献信息检索为例，在传统的文献信息检索方法之下，通常检索结果只会呈现文献题目、文献作者、作者单位等信息。但在使用大数据进行文献信息检索时，却有可能将很多与作者无关的信息呈现出来，如与文献作者相关的新闻信息、照片或者视频等，这实际上就容易暴露文献作者的隐私。但目前我国很多的数据库系统，并没有对个人的隐私信息进行屏蔽或保护，这就容易引发侵权纠纷。基于此，如何强化个人隐私信息保护机制，也是大数据时代的文献信息检索工作必须考虑的问题。

3. 互联网时代文献信息检索工作中大数据运用的策略

从上述的分析可知，大数据对文献信息检索工作而言，既是机遇，又是挑战。因此，必须依据大数据的特点，有效地创新文献信息检索模式以及工作方法，使大数据成为文献信息检索工作中的一大利器。

（1）构建信息大数据系统，实现一站式检索

在我国实施大数据战略的背景下，信息资源之间的边界将逐渐被打破，构建统一的信息大数据系统，是未来文献信息检索工作不可逆转的趋势。因此，各个数据库检索平台，可以通过对各种信息资源进行分类，按照类别构建大数据系统。比如，在消费领域，可以构建商品消费数据库系统；在科研领域，可以构建科研项目管理大数据系统；在房地产领域，可以构建房地产大数据系统。

在此基础之上，实现一站式检索。以互联网招聘平台为例，可以引入大数据的理念和方法，对所有的职位资源进行整合与分类，构建统一的职位大数据系统。然后再按照行业，对这些职位进行分类，构建职位子系统。求职者只需要登录网络平台，就可以实现对所有行业、所有职位的一站式检索，这就可以大幅度提高职位检索的效率。

（2）提供个性化、智能化的文献信息检索服务

大数据对文献信息检索工作提出了更高的要求，特别是在用户自身对大数据工具和方法不熟悉的背景下，文献信息检索工作需要改变过去以服务为中心的模式，向以客户为中心转变，向客户提供个性化、智能化的检索服务。这就要求各个数据库检索平台树立"精准检索服务"的理念，在用户登录网站时，依据用户的检索习惯、检索偏好，帮助用户自动检索其所关注的信息。

在用户设置检索条件之后，可以依据检索频率和关注度的高低，对检索结果按照一定的顺序进行排列，以提升文献信息检索的智能化程度。除此之外，由于大数据系统中的数据呈现形式较为多样，且很多是可视化数据，如视频、图片等，因此，在提供文献信息检索服务时，可以将检索结果通过可视化的形式展现出来，以更加全面、直观地展示检索的文献信息资料。

（3）注重大数据环境下的个人隐私保护

在运用大数据开展文献信息检索工作过程中，大数据系统会自动对用户的

检索行为进行记录，但当大数据系统记录用户的个人信息数量达到一定程度时，必然会涉及一些用户的个人信息。而要解决此问题，就必须通过运用隐私保护技术，来对一些信息数据进行筛选和处理。在大数据收集阶段，可以运用分布式 k-anonymity 算法，对数据进行一定的匿名处理；在大数据生成阶段，可以通过构建基于位置的服务用户虚拟轨迹的形式，来对用户的隐私信息进行保护；在大数据应用阶段，可以使用差分隐私法来对记录隐私的信息进行排除，避免在文献信息检索结果中出现涉及用户隐私的信息。除此之外，我国还必须尽快制定有关个人信息安全保护的法律与法规，将隐私保护提高到法律层面，如此才能督促各个大数据系统在开发过程中，不断应用新技术，来保护个人的隐私信息。

（二）文献信息检索可视化

1. 信息可视化与文献信息检索

文献信息检索的环境就是将各种文献资料、各种情报信息、各种著作等，通过可视化信息技术内部的一种转化关系，将不存在可见性质的信息以图形、图片的方式，依靠计算机屏幕等二维或者三维载体的可视化界面按规定呈现出来。也就是说，将浩瀚的信息数据及其之间的某种关联比作一种信息存在环境，该环境下包括相当数量的文献著作，它们之间通过各种引用关系而相互关联存在。但是由于数据具有复杂性、多变性，它们之间客观存在的种种关系是不可见的，我们可以通过这种可视化技术来规律性地呈现上述特性。不管信息具体呈现的方式、方法有什么不同，其最终目的都是通过可视化技术所产生的视觉工具向人们传播各式各样的、无形的、抽象的信息。人们获得对事物认知的一贯方式就是借用信息浏览，因此我们可将文献信息检索看成人们为了获得某一类特殊的信息，最终通过查找、搜索等方式完成可用信息的搜索工作。而这种获取信息的过程，可以认为是先对信息进行内部结构分析然后呈现出来的可视化过程。

可视化与文献信息检索存在着相互影响和相互促进的关系。文献信息检索和信息可视化在各自领域的研究进展和技术发展都对对方的发展有很大的影响。对任务分析的研究和对用户的研究在文献信息检索与信息可视化关系中起到了桥梁的作用。信息可视化的空间显示与立体查询特性为文献信息检索的实现提供了理论上的帮助，并且信息可视化提供对信息的认识优势也在一定程度上改善着文献信息检索的方式。信息可视化和文献信息检索之间存在着相互影响、相互发展、相互作用的关系，促使了检索可视化的出现。检索可视化技术是人们客观地将事物内在的各种抽象的数据关系、语义含义转化成一种能够借助外界可见事物进行呈现的一种先进文献信息检索方式。因此它可以通过各种外在事物的大小、尺寸、形态等可见信息进行展示，进而实现用户对文献信息检索内容的理解，完善文献信息检索的各方面功能。

2. 文献信息检索可视化的特点

文献信息检索可视化所具备的突出的优势，是能够从根本上减少人们获取信息时面对的各种困难，进一步增强人们获取、识别信息的能力，帮助人们扩展自己的认知度。正是由于这种新技术的大胆改革、大胆创新，从而保证了文献信息检索可视化技术得到长足的发展和进步，得到广大研究学者的青睐。对比传统意义上的文献信息检索方式，该种独特的、高技术的可视化信息检索有自己的特点，具体有如下几点。第一，文献信息的可视化促成了信息整体外在可见性，它将大量的抽象性数据、文献资料及它们之间的内在无形的联系转变成能够肉眼识别、能够被人类感知的一种技术，形象地描述了信息空间；第二，可视化技术满足了人们对文献信息的交互式查询需求，人们与文献信息的各种交互方式都能在可视化空间中得到实现；第三，它的出现最大限度地满足了人们认识、理解、使用海量文献信息的需求，进而通过利用这种手段达到快速、高效地处理各种信息的目的；第四，它的出现开辟了文献信息检索的新型方式方法，在数据处理过程中将大量虚拟的数据信息、文献资料等转化成能够直接被人们理解、接受的可视化形式的信息载体；第五，这种新技术的出现最大限度地满足了用户的使用需求，且拓展了文献信息的检索模式，为人们分析文献信息提供了独特的方法，并且保证了对海量文献信息进行检索的便利性和易操作性；第六，该种技术方式为未来的新型可视化方式出现开辟了空间，逐渐成了人们分析文献信息最有力的工具。

3. 可视化检索的优势

随着社会的不断发展，信息的来源渠道日趋广泛，信息的数量与日俱增。多种信息交织在一起导致了人们对于对自己有用信息的获取受到了干扰。在当前大数据的环境下，人们对于有效信息的获取给予了更多的关注。据统计数据表明，当前人们对信息的获取有70%靠视觉来获得，20%靠听觉来获得，仅剩10%靠触觉来获得。因此，信息获取主要还是依赖于视觉。近年来，可视化信息检索已经获得业界专家的推荐和认可。比如，微软公司推出的必应搜索引擎，其很多方面就是基于该种理念来实现的。

信息的可视化检索具有很多优点，具体如下。首先，其在检索结果的信息传递与理解上做到了更加直观。可视化检索的结果以更加直观的图形或图像进行显示，对于信息检索人员来说，使其既提高了效率又对信息的认识更加深入，印象更加深刻，提高了用户检索的积极性。其次，该技术在用户信息检索中的交互性更好，与检索人员进行思想上的交互，达到对于检索深层次的沟通，通过提供更加友好的交互界面，实现了人们对于有效信息的获取。最后，可视化检索对于人们工作效率的提升将起到极大的帮助作用。随着全球大数据热潮的到来，人们对数据更加敏感，对信息的获取整合要求更强的能力。通过采用可视化的检索手段，人们在工作中可以通过多种方式进行自由检索。

因此，可视化检索优势在于有效信息的获取上面发挥了巨大的作用，它在人们的视觉信息的获取上面将起到极大的辅助作用。我们有理由相信，可视化信息检索是未来发展的趋势，在人们的未来生活中将发挥巨大的作用。

（三）人工智能系统的应用

1. 智能知识服务

一般而言，智能知识系统主要划分为硬件、软件和检索。其中，硬件能为数据检索提供储存数据的基础支持；软件可以为信息资源提供管理和算法功能；检索是在现有硬件和软件的支持下，利用算法工具开发出的检索功能，硬件为检索运算提供了处理能力，软件提供了大数据的采集、管理和存储。

人工智能在信息检索领域的应用中，包括了知识库、知识服务平台、采集系统和处理系统。这些系统共同为用户检索需求的精确化满足而服务。首先，根据编码技术来对信息资源进行分类，这包括了结构化和非结构化数据；其次，将这些数据与关键词进行匹配，可以利用深度学习算法来实现；最后，智能系统会将重新编码的数据传输到云端数据库，让所有可被检索的数据和信息库实现可匹配化。另外，在知识采集过程中，会不断从各个服务器来获取更多的内部信息，提高信息资源的丰富程度，并在知识处理系统运作中，重新来分配、匹配、更新和清理数据库，确保数据库知识达到更优化的可应用状态，让知识检索质量保持高水平。

2. 智能代理服务

智能代理技术也是一种崭新的大数据信息检索功能，该技术的目标是以用户为中心，为用户提供个性化的检索。智能代理技术是一种精准推荐技术。其可以记录所有用户使用信息检索以及检索结果行为的使用习惯，并根据习惯来对检索结果进行排序和分类。比如，若用户在最近时常搜索或点击某一类信息内容的关键词，那么就能被智能代理技术所记录，通过深度学习方法，可以为用户描绘出一个信息检索兴趣的画像，并为用户提供其更可能感兴趣的信息的优先排序。

随着智能代理服务对用户兴趣习惯更加了解，其会对用户信息检索提供一套定制化方案，这也会让用户的体验更加完美，实现信息检索服务比用户自身更了解自己的目标。另外，在这种算法支持下，用户自身也能对推送信息提供反馈，可以让检索系统对某些用户不感兴趣的信息减少推送，这也会让用户成为信息检索算法的主导者，让检索方案不断更新和完善，让检索结果越来越接近用户的理想水平，提高检索结果的针对性与精准性，凸显智能代理技术的智能性特点。

3. 资源站点管理

在海量站点构建的大数据网络下，不光是信息检索的难度加大，站点搜索中的相关站点推荐也十分重要，这需要人工智能技术不断监督站点访问结果的反馈情况。这种监督需要检查各个站点是否存在故障，并对其完善和优化，及时处理信息检索结果不符合用户访问效率的内容。比如，智能系统可以检测数据下载的响应时间，向用户提供更快响应的站点，这样能够避免网络拥堵给信息检索带来的不利影响，让用户检索能始终保持良好的体验。

第五节　文献信息检索方法与途径

一、文献信息检索的基本方法

（一）浏览法

在实际文献获得过程当中，通过检索工具对文献进行搜索可以说是一项主要的途径。在方法得当的情况下，能够在较短的时间内获得较多能够满足课题需求的文献。但对于任何一种检索工具来说，其都仅仅能够对有限的图书以及期刊进行收录，且原始文献同检索工具之间也具有一定的时间差。为了能够做好对这部分缺陷的弥补，我们需要通过其他方式做好文献的收集。其中，浏览法是对这部分信息进行获取的重要方式，是对本学科、本专业期刊进行阅读浏览的方式。

（二）常规法

该方法也称作检索工具法，即通过对检索工具的使用对相关文献进行查找的一种方式，通过分类、著作以及主题等途径对文献进行获得。其中还分为以下几种方式，如图 3-3 所示。

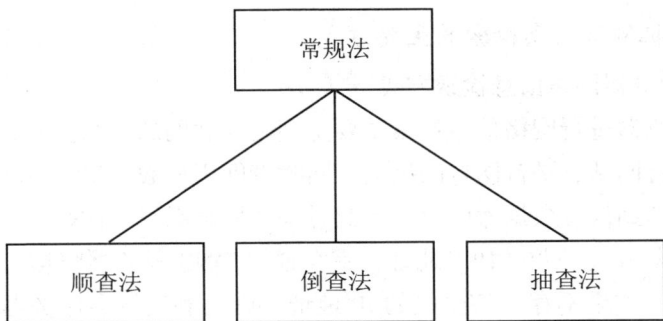

```
          ┌──────────┐
          │  常规法   │
          └──────────┘
         /     │      \
   ┌────────┐ ┌────────┐ ┌────────┐
   │ 顺查法  │ │ 倒查法  │ │ 抽查法  │
   └────────┘ └────────┘ └────────┘
```

图 3-3　常规法的分类

（三）追溯法

该方法也称作回溯法，是一种较为传统的文献查找方法。在该方法实际应用过程中，每当查找到一篇具有较大参考价值的文献后，则将根据文献后部标注的参考文献为线索对相关文献进行查找，可以说是一种对信息来源进行扩大的有效方式。在检索工具不完整，或没有检索工具时，这是一种较为有效的文献获取方式。

二、文献信息检索的途径

（一）从文献外表特征检索文献的途径

从文献外表特征检索文献的途径主要分为五种：①题名途径，即根据文献的书名和篇名所编成的索引和目录来查找文献的途径；②著者途径，即在已知文献著者的情况下，以著者姓名为检索标识进行文献检索；③序号途径，即以文献出版时所编号码顺序来检索文献的一种途径；④专项途径，即根据文献所包含的特定顺序进行文献检索的一种途径；⑤引文途径，即按照文献信息所附的参考文献或引用文献进行检索的途径。

（二）从文献内容特征检索文献的途径

从文献的内容特征查找文献的途径主要分为两种：①分类途径，即按文信息主题内容所属学科分类来进行检索的一种途径；②主题途径，主题词指能揭示文献内容特征并加以规范化的名词术语，主题途径就是以主题词（标题词、关键词等）作为标识进行检索的途径。

（三）计算机网络信息检索

1.计算机网络信息检索的主要方式

（1）浏览器网络信息检索方式

利用浏览器进行网络信息检索主要是利用互联网的网络控制，结合超文本传输协议进行网站、平台网页的浏览，同时借助用户数据报协议将用户的检索信息请求发送到信息数据库中。如果此时本地域名系统（DNS）主机拥有检索计算机的网际互连协议（IP）地址，就会通过 DNS 服务器将信息资源返回用户计算机中，如果不存在该主机的 IP 地址，则是利用域名服务器通过互联网对主机的地址进行全网搜寻，然后再将信息资源返回用户计算机中。这种方式是用户基于互联网进行信息资源检索，并且通过 IP 地址实现接收网络检索信息。这一过程需要经过多个网络以及路由器设备，在访问时以网络页面提供的检索格式和用户输入的关键词为基础，从而获取用户所需的网络信息资源。

（2）搜索引擎网络信息检索方式

这种方式与浏览器检索具有较大不同，其是以公共信息检索服务器网站为基础，借助网站自身的检索技术以及策略在互联网上收集和查询信息资源，同时能够对检索到的信息资源进行充分的分类、整合、提取等，建立相对全面、系统的信息数据库。用户在检索时通过检索界面、检索关键词、检索范围、检索方式、检索服务器都能够查询到与所需信息资源相关的字段或者词组，然后返回检索结果。所以，实际上搜索引擎网络信息检索方式具有一定的交互性，可以很好地实现信息主动提交以及自动智能搜索，可以较为快速地为用户查询到其所需的信息资源。

2.网络环境对计算机网络信息检索的影响

（1）对信息多样性的影响

由于网络环境具有较大的开放性和自由性，任何人都可以通过互联网制造和传播网络信息，这就造成网络信息资源大量增加，同时信息的多样性得到了极大丰富。而因为部分网络信息制造者和发布者对标记信息的掌握和认知程度存在较大差异，因此对信息的标记就会出现多样化，在检索相关信息时系统无法根据信息的标记而进行采集和分类。另外，在网络文化发展的进程中，一些非正规词语以及网络语言也会对网络信息采集和分类产生较大影响，促使信息搜索的时间延长，用户在检索某一类信息资源时就会遇到一定的困难。

（2）对信息质量的影响

在现阶段的网络环境中，网络信息资源的发布具有较大的自由性和无序性，这就会使大量站点的检索服务项目出现相同的情况，而在检索模式缺乏创新、相互抄袭和转载现象普遍的条件下，就会引发信息资源的重复性问题。对于网络信息资源检索来说，这导致信息资源的质量较低，给网络信息检索带来大量的冗余结果，不仅占用了计算机系统内存，而且不能帮助用户合理地进行检索结果分类，导致用户检索效率较低等。

（3）对检索信息更新的影响

网络信息资源的更新是用户在检索信息时的基础性需求，这是因为网络具有实时性和时效性的特征，很多信息资源的内容都在不断发生变化，所以用户在系统中进行检索就要及时对检索结果进行更新。

但是，当前我国网络的检索信息资源更新速度较慢，在通常情况下动态页面会被相应的检索服务器设置为禁止跟踪的状态，并且在程序规则中也不具有记录动态页面的功能和作用，这在很大程度上就会出现检索数据库无法实时更新网络信息的情况，对用户检索网络信息资源造成较大的困扰，用户不能获取最新、最真实的信息资源。

3. 计算机网络信息检索中存在的问题

（1）在搜索引擎方面存在的问题

在网络信息资源检索的过程中，搜索引擎具有网络导航的作用，可以为用户提供较大的便利。但是，由于当前网络搜索引擎自身存在较多的问题，并且智能化程度相对较低，就会导致用户在利用搜索引擎查找信息资源时，经常出现无效信息或者与主题偏离的信息界面等，严重影响搜索引擎检索网络信息的效率和速度。

同时，在搜索引擎中应用目录式检索方式所需的人工成本较高、耗费的时间较长，而且标引的速度较慢，采集信息的速度无法追赶上网络资源的增长速度，这就会出现某一类目录式搜集的网络信息数量非常少、数据库规模不大、难以实时更新等问题，导致较低的查全率。

此外，关键词式全文搜索引擎基本上普遍采用的是机器人搜索技术，其存在的问题相对突出，如自动标引不完善、信息关联难以控制、重复链接过多、查准率较低等。例如，用户利用百度搜索引擎输入关键词"信息检索"，在检索结果的首页中就会出现"收费信息检索""国家知识专利检索"等一些偏离主题的无用信息。搜索引擎索引库中全部或者部分下载的网页也包含了大量的垃圾信息或是广告等,对索引的效率产生了较大的影响,并且浪费了大量的网络通信资源。

（2）在网络信息资源组织分类方面存在的问题

目前在网络环境中,部分网站的质量较低,如栏目设置十分混乱、缺少导航功能、内容重复、更新频率不高等。这种现象导致网络信息的类型较为庞杂,尤其是大量的虚假、落后、垃圾信息增加了信息资源的不确定性,形成了严重的信息污染。这就会直接影响网络信息资源组织的分类,在类目划分标准上缺乏合理性,某一类信息资源在相同的层次中出现不一致的划分标准,甚至可能存在利用多个标准对同一类信息资源进行划分,极容易出现信息重复或者遗漏的现象。另外,在对网络信息进行检索时,也会出现不符合检索逻辑的问题,即整体不能包括局部,对事物的外延和内涵描述不清晰等,对网络信息的查全率和查准率造成了比较大的负面影响。

（3）在用户需求方面存在的问题

网络信息检索实质上是要满足用户的需要,所以在很大程度上计算机网络检索服务应当是具有针对性的个别服务。要以用户为中心,根据其所需而提供信息资源查询和整合服务。不过当前大多数的网络检索系统提供的是大众化的检索服务,很少出现个性化服务功能,也就不能够充分理解用户真实所需,无法长久有效地、主动地提供信息服务。并且,在社会不断发展、信息大爆炸的时代,用户的网络信息检索逐渐呈现多样化、个性化的特征,仅通过网络获取信息资源是远远不够的,要针对用户的实际信息需求提供个性化的网络信息检索服务,提高网络信息检索技术的功能性和服务性。

4. 计算机网络信息检索的发展方向

（1）自然语言检索

计算机网络信息检索必然会朝着自然语言检索方向发展,主要是由于自然语言检索对关键词具有处理、联想、理解的功能,可进行语言识别、分词分析,使信息检索具备一定的智能化功能。自然语言检索技术主要是基于关键词开展的一系列信息检索功能,可有效提高信息检索结果的准确率,方便用户进行信息查询。

（2）智能化检索

智能化检索技术主要通过采用智能化代理技术对信息进行收集,并可根据用户信息查询需求，对用户所需信息进行科学的分析、推断，扩展用户查询信息的内容，为用户提供全面、准确的信息，充分满足用户信息检索需求。在开展智能化检索时，检索系统可对检索信息进行自动过滤，并根据用户以往信息查询记录，筛选出有用的信息，有效提高信息检索结果的准确性。此外，检索系统还可将用户已看信息及感兴趣信息的信息地址发送到用户邮箱内，以便用户进行快速的信息查找。

（3）多媒体检索

信息技术的快速发展促进了计算机网络信息检索技术的多样化，多媒体检索技术也在这一时代条件下孕育而生，并将成为信息检索未来发展的主要方向之一。这是由于多媒体检索可对声音、图像、视频进行检索，大大扩大了信息检索范围，丰富了信息检索内容。此外，多媒体检索还可对信息进行甄别，在进行信息检索时，可将检索结果与查询信息的关联性进行识别，将信息相似度较高的检索结果反馈给用户，如此一来，大大方便了用户对信息的查找。

第四章　艺术类商业数据库

商业数据库是指商业公司对某一领域的学术文献资源进行整理汇总后形成的文献资源检索工具，商业数据库相比网络资源更为有序规范，检索途径也更加多样化。图书馆等公共文化服务部门需按照一次性买断或者每年支付使用费用的方式获取这些资源。读者需要了解这些专业数据库的收录内容、基本使用方法及可以在哪些服务机构获取。本章介绍的艺术类商业数据库为多种艺术门类的交叉综合，故按照其不同记录形式（文本、图片、视频等）分类介绍。本章分为综合型艺术类商业数据库、专题型艺术类商业数据库两部分，主要内容包括全文型数据库、音乐与舞蹈艺术数据库等方面。

第一节　综合型艺术类商业数据库

一、全文型数据库

（一）中国知网

1. 中国知网简介

同方知网（北京）技术有限公司隶属于同方股份有限公司知识网络产业本部。同方股份有限公司知识网络产业本部是清华大学产业系统从事数字出版和知识服务业务的产业集团，致力于建设中国知识基础设施工程（CNKI）。CNKI是以实现全社会知识资源传播共享与增值利用为目标的信息化建设项目，始建于 1999 年 6 月。

"中国知网系列数据库"产品是一系列大规模集成整合传播我国期刊、博硕士学位论文、工具书、会议论文、报纸、年鉴、专利、标准、科技成果、古籍等各类文献资源的大型全文数据库和二次文献数据库,以及由文献内容挖掘产生的知识元数据库。目前,同方知网(北京)技术有限公司与《中国学术期刊(光盘版)》电子杂志社有限公司合作,共同研制了"中国学术期刊网络出版总库""中国博硕士论文全文数据库""中国工具书网络出版总库""中国年鉴网络出版总库"等40多个连续型电子和互联网出版物,以及3000多种专业化、个性化的数字图书馆产品。

2015年,同方知网(北京)技术有限公司在国内外成立了28个区域知识服务公司,致力于全球各个区域的用户销售与服务工作,中国知网用户遍布40多个国家和地区,全球机构用户达25000多个,最终读者达4000多万人。中国知网首页是中国知网系列产品和服务的主要门户。在此平台上读者可以使用各种文献的检索、数据分析与挖掘、知识关联与聚类等功能。

2. 中国知网的作用

①学生可以查文献、写论文、做毕业设计。中国知网含有丰富的资源,期刊、报纸、会议论文集等学术资源应有尽有,检索方式多样,检索结果分组。②科研人员做科研项目,进行课题研究。多维度可视化分析、文献之间互通互联、年鉴数据、统计数据、学术图片等将科研进行到底。③学生考研找导师,科研工作者找合作者。通过作者检索了解其发表论文情况,进一步全面了解该作者的研究领域、关联作者、导师及学生等信息。④高效管理文献资源,一站式阅读、下载。通过知网研学数字化学习平台一站式管理文献。⑤利用"移动知网——全球学术快报"随时随地获取文献资源。

3. 中国知网的操作指南

(1)中国知网的使用流程

中国知网首页根据读者检索需求不同,提供文献检索、知识元检索、引文检索三种检索功能。其中,文献检索功能提供单库检索、跨库检索、简单检索、高级检索、出版物检索等多种检索方式入口。另外,通过单库检索、高级检索页面读者可进入专业检索页面。

(2)单库检索和跨库检索

中国知网按照文献类型包括一系列数据库,如期刊、博硕士学位论文、会议、报纸、年鉴、专利、标准等。读者可在首页选择所需文献类型进入单库检索页面。读者也可根据检索需求进行多种文献类型的跨库检索。中国知网以机构实际购买的系列数据库为默认的跨库检索数据库,读者也可自行勾选所需系列数据库。

（3）三种检索方式

中国知网提供简单检索、高级检索、专业检索三种检索方式。①简单（一站式）检索。简单检索只需在检索框中输入检索词，选择一个检索字段（中国知网默认检索字段为主题，还可以选择篇名、关键词、摘要等），单击"检索"按钮，则系统根据此检索条件检索，与检索条件匹配者均为命中记录。②高级检索。高级检索比简单检索功能更多，但也可以进行简单检索。高级检索具有多项双词逻辑组合（并且、或者、不含）检索、同频控制、模糊/精确检索、作者及作者单位检索、发表时间控制、文献来源检索、支持基金检索等功能。③专业检索。专业检索比高级检索功能更强大，但需要检索人员根据系统的检索语法编制检索式进行检索，适用于熟练掌握检索技术的专业检索人员。三种检索遵循向下兼容原则，即专业检索包含高级检索的全部功能，高级检索包含简单检索的全部功能。

（4）作者发文检索与句子检索

①作者发文检索。可以通过作者姓名、单位检索词等信息，查找作者发表的全部文献及被引下载等情况。通过作者知网节可以全方位地了解作者主要研究领域、研究成果等情况。②句子检索。句子检索是指通过输入两个关键词，查找同时包含两个关键词的句子，还可同时查找包含两个关键词的段落。句子检索只能输入两个检索词或四个检索词在全文中进行同句或同段检索，通过句子检索，能够通过文献中检索词之间距离的远近快速定位有效的对比文件。

（5）高级检索

各种检索方式所支持的检索操作均需要通过以下几部分实现：检索词、检索项、检索控制。在同一检索方式中，因数据库所收录的文献特征不同，所设置的检索项和检索控制项会有所不同。高级检索是最常用的检索方式。不论是单库检索还是跨库检索，高级检索通用的检索控制项包括逻辑检索行、逻辑组合、词频、精确/模糊匹配、中英文扩展、同义词扩展、文献分类目录等。

（二）维普信息资源系统

1. 维普资讯简介

重庆维普资讯有限公司成立于1995年，前身为中国科技情报所重庆分所数据库研究中心，是中国第一家进行中文期刊数据库研究的机构。2005年，维普资讯和全球最大的搜索引擎提供商谷歌达成战略合作，成为谷歌学术搜索频道最大的中文内容提供商。2010年，维普资讯启动了"智立方"云服务平台项目，运用大数据、云计算技术，为用户提供更优质的解决方案。这些都标志着维普资讯的发展翻开了新的篇章。

2. 维普期刊资源整合服务平台

维普期刊资源整合服务平台整合期刊文献检索、文献引证追踪、科学指标分析、高被引析出文献、搜索引擎服务五大模块，各模块之间功能互联互通、数据相互印证。平台采用数据链接机制实现各模块到维普资讯系列产品的功能对接及定位，显著提高资源利用的效率，系统全面地提升知识服务数据库中的期刊全文采用扫描方式加工体验，以 PDF 格式存储，保持了全文原貌。用户在第一次使用中文科技期刊数据库时需下载并安装 PDF 阅读器软件。

3. 维普期刊资源整合服务平台操作指南

维普期刊资源整合服务平台包含五个功能模块，分别是期刊文献检索模块、文献引证追踪模块、高被引析出文献模块、期刊导航模块、检索历史模块。

（1）期刊文献检索模块

这个功能模块是对原有中文科技期刊数据库检索查新及全文保障功能的有效继承，并在此基础上做了流程梳理和功能优化，同时还新增了文献传递、检索历史、参考文献、基金资助、期刊被知名国内外数据库收录的最新情况查询、查询主题选择、在线阅读、全文快照、相似文献展示等功能。它提供基本检索、传统检索、高级检索、期刊导航和检索历史五种检索方式，通过学科类别、期刊范围和数据年限来限定检索范围，使用逻辑运算符 and（×）、or（＋）、not（－）来构造检索式或表示逻辑组配关系。

（2）文献引证追踪模块

文献引证追踪模块是维普期刊资源整合服务平台的重要组成部分，是目前国内规模最大的文摘和引文索引型数据库。它采用科学计量学中的引文分析方法，对文献之间的引证关系进行深度数据挖掘，除提供基本的引文检索功能外，还提供基于作者、机构、期刊的引用统计分析功能，可广泛用于课题调研、科技创新、项目评估、成果申报、人才选拔、科学管理、期刊投稿等用途。

该功能模块包含维普平台所有的中文科技期刊数据，引文数据回溯加工等。截至 2000 年，其除实现了强大的引文分析功能外，还采用了数据链接机制实现与维普资讯系列产品的功能对接，极大地提高了资源利用效率。

（3）高被引析出文献模块

高被引析出文献模块，即维普资讯高被引析出文献库。期刊文献是最具连续性、动态性的文献传播载体，是教学科研工作重要的信息来源。期刊文章的文后参考文献往往涵盖了期刊、学位论文、会议论文、图书、专利、标准等多种文献类型。这些参考文献所涉及的文献内容也具备很大的科研参考价值。通过高被引析出文献模块，用户可以检索除期刊以外的，如学位论文、会议论文、标准、专利等其他文献类型的高被引的文章。

（4）期刊导航模块

在检索方式选择区域选择"期刊导航"便可进入期刊导航页面。期刊导航提供按刊名首字母、期刊学科分类导航、核心期刊导航、国内外数据库收录导航和期刊地区分布导航五种浏览查找方式。用户还可以通过期刊名称或 ISSN 对数据库收录的期刊进行某一特定期刊的查找。用户可按期查看某一期刊收录的文章，同时下载文摘或全文。在期刊细览页面，用户可以看到该期刊的最新一期收录的封面，以及期刊的信息、数据库收录情况等。而期刊文章是按照年、期进行浏览阅读的。用户还可以查看期刊引证报告，通过各个专业的指标数据，综合地评价期刊的学术影响力，从而帮助其迅速了解科学研究的相对影响，为科研绩效的评价提供一定的定量依据。

（5）检索历史模块

检索历史是个性化服务功能，它对历史的检索结果进行保存。用户可以直接通过检索表达式定位到检索结果，还可以对检索结果进行二次逻辑配组检索。

（三）其他全文数据库

1. 艺术与人文全文数据库

艺术与人文全文数据库是由普若凯斯特资讯有限公司推出的，包含应用艺术和文化研究相关的期刊文献。其内容涵盖广告艺术、古董、考古学、建筑与建筑历史、艺术史和批评、服装设计、装饰艺术、民间艺术、印刷艺术、工业设计、室内设计、景观设计、动作照片、博物馆研究、非西方艺术、绘画、摄影、陶瓷、雕塑、电视和视频等科目主题。

除提供 300 多家期刊的全文外，该数据库还提供大量艺术复制品及高质量的同行评审期刊论文索引和摘要。索引和摘要超过 660 种期刊，其中包括 350 多名同行评审期刊，14000 多篇艺术论文，以及超过 20 万的艺术复制品的索引。另外，该数据库还提供有关艺术家访谈、艺术创作方法、艺术创作材料等方面的资料，收录年限最早的为 1854 年。其收集期刊涉及范围：艺术、设计、工艺和摄影作品，考古学、人类学、古典研究、建筑，室内设计和城市规划，历史、哲学、地理、宗教，现代语言和文学，音乐、戏剧、电影和文化研究。

2. 威尔逊系列艺术数据库

威尔逊系列艺术数据库是全世界最有影响力的艺术类期刊数据库之一，收录了 1977 年至今 320 多种期刊的文章全文，1972 年至今 660 多种期刊（包括 280 种同行评审期刊）的高质量索引和摘要，以及超过 14000 篇艺术论文的索引和摘要。另外，其中近 10000 种艺术复制品的索引，可提供风格和艺术运动示例，这其中包括了新兴艺术家的作品。该数据库包括美术、装饰和商业艺术、民间艺术、摄影、电影和建筑等类别，还包括特定数据库的同类词汇编。该数据库所收录的出版物包括英文艺术类期刊、年鉴、博物馆公告，以及法文、意大利文、德文、日文、西班牙文、荷兰文和瑞典文的艺术期刊。该数据库的收录涵盖了摄影、考古学、当代艺术、服装艺术、电影艺术、电视艺术、古董古玩鉴赏、陶艺、艺术史、广告艺术、民间艺术、博物馆学、纺织艺术、室内装饰艺术、雕刻、手工艺、装饰艺术、园景艺术、绘画艺术、雕像艺术、非主流艺术流派、建筑艺术和历史、形象艺术、工业设计等主题。其特色为收录了美国、加拿大等国家，以及亚洲和拉美的艺术成就。

3. 牛津格罗夫艺术在线数据库

牛津格罗夫艺术在线数据库由牛津大学出版社出版，为视觉艺术研究方面的权威数据库之一。其内容每年更新两次，收录超过 45000 篇全文文章，文章涵盖的内容从史前到当代社会，从岩洞艺术到弗里达·卡罗和达米恩·赫斯特。数据库中收录超过 2600 万个艺术类关键词，涵盖了美术艺术（绘画、雕刻与建筑等）及装饰艺术（制陶艺术、纺织艺术、珠宝设计、室内设计、家具设计、金属工艺等）。数据库收录超过 5000 幅图片和简笔画，其中有来自欧洲、亚洲、非洲、南美洲、北美洲与太平洋各岛国的绘画、雕刻、建筑、摄影、平面艺术及装饰艺术等图片。数据库还收录了超过 21000 个艺术类人物传记，包括画家、艺术评论家与美术馆馆长的传记，其中人物传记部分可链接至其他资源，如牛津国家人物传记大辞典在线版。数据库还收录了美术、建筑与装饰艺术类国际著名专家撰写的文章，以及艺术专论、普通作品、展会目录、作品、综述等的参考书目引文。另外，数据库提供有当代艺术工程与世界著名艺术博物馆网站的作品图片的链接，参考文献提供了包括牛津大学出版社在内的多种链接。

4. 艺术专题库

艺术专题库是将艺术与建筑全文数据库和威尔逊系列艺术数据库集中去重后收录艺术和建筑资源的数据库。这个数据库收录了 1360 种期刊、专著、会议论文等，952 种全文出版物（其中全文期刊有 726 种，446 种经同行评审），

220多种全文书籍，63000多幅来自 Picture Desk 等出版社的图片等。其主题范围广泛，包括装饰艺术和商业艺术、建筑和建筑设计的各个领域，收录来自法国、意大利、荷兰、德国和西班牙的期刊。基于建筑学学科的期刊、手册、图书及博物馆公报等文献，在欧美一般归为艺术类，主要涉及有关室内设计、广告艺术、装饰艺术、景观设计、城市规划、建筑历史、建筑设计、环境艺术、考古、工艺、美术及雕塑等内容。

二、文摘索引型数据库

（一）社会科学与人文科学会议录索引——艺术专辑

社会科学与人文科学会议录索引（ISSHP）由美国科学情报研究所（ISI）出版。ISI的会议录索引收录、摘编了自1997年以来世界有重要影响的会议论文，数据来源于图书、期刊、报告、连续出版物和会议录预印本等。ISSHP 为社会科学与人文科学辑，其包括每年在心理学、社会学、公共卫生、管理学、经济学、艺术、历史、文学、哲学等领域的2800多个重要的会议录，收录年限为2002年至今。科技会议录索引中近30%的信息不在学术期刊的收录范围内。ISSHP对于了解当前社会科学和任务领域新的研究方法以及新的思潮和流派有非常重要的作用。

（二）现代艺术书目文献数据库

现代艺术书目文献数据库（ABM）是普若凯斯特咨讯有限公司出版的研究现代和当代艺术可以使用的专业参考书目，收录了1974年至今400多种艺术领域的期刊。ABM 的内容包罗万象，涵盖了表演艺术和安装工程、影像艺术、计算机和电子艺术、人体艺术、涂鸦、艺术家书籍、戏剧艺术、工艺品、陶瓷与玻璃艺术、民族艺术、平面造型与博物馆设计、时尚和书法艺术以及传统媒体（包括插图、绘画、版画制作、雕塑和绘图）。

ABM 是19世纪末以来现代和当代艺术信息的主要来源，其中包括自摄影技术发明以来的摄影信息。它收录了著名的或鲜为人知的艺术家、运动及趋势方面的英文及其他外文资料的摘要。

该数据库收录期刊文章、书籍、短文、展览目录、博士论文和有关各种形式的现代与当代艺术的展览评论的完整摘要，并且以每年录入超过13000条新条目的速度增长。条目日期可追溯至 20 世纪 60 年代。该数据库更新的频率为每月一次。

三、图片型数据库

（一）方正中华数字书苑图片库（中国艺术博物馆图片库）

方正中华数字书苑图片库又被称为中国艺术博物馆图片库。该数据库遴选了 30 万件世界各地从文明发端至今的各种形式的、最能代表世界艺术成就的艺术精品，多数图片是在挖掘现场拍摄或扫描的，很多原物不做公开展示。其所收录的图片精度高、还原好、数量多，具有艺术欣赏价值和专业研究价值。

该数据库的特点有以下几点。①浏览方式简捷。可欣赏到所有资源，并且读者可以按照艺术形式、出品年代等在网页格式下浏览图片，还有易操作的图片缩放、漫游、分享等功能。读者可以全面浏览艺术作品，也可以局部放大研究艺术作品细节。②检索途径多样。具有全文检索功能，通过全文检索引擎，可以对海量图片的全文数据进行检索，并能定位到具体图片，方便用户快速查找并定位。读者可以输入任意词在所有分馆里同时进行检索，也可以按照图片名称、年代、出品地、现今收藏地等多种途径进行高级检索。③多种分类导航。17 个分馆都可根据图片特性有多种导航维度，并且多种导航可以并行多选，以便读者快速定位到自己所需要的资源。④图片可下载收藏。图片质量精美，高精度图片可达到 300 每英寸点数，为便于读者使用，还可将图片进行下载，永久收藏。⑤高精度展示技术。对所有高精度图片均利用互联网的网格处理技术将其分割成无数小块存储，在系统展示时自动拼接成原图，既加快了图片显示速度，又保护了高精度图片的存储安全性。

（二）雄狮美术知识库

《雄狮美术》月刊发行于 1971 年至 1996 年 9 月，是当时最具权威的艺术期刊，也是当年诸多国内外优秀艺术工作者争相投稿的研究平台，记录着四分之一世纪之台湾地区美术史。《雄狮美术》的作者群为当今文艺界各方翘楚，包含了西画、国画、雕刻、书法、摄影等各艺术领域的宗师。《雄狮美术》也为台湾提供了一个自由的文化舞台，许多活跃于当今艺术圈的文化人，包括美学教师蒋勋、手艺人奚淞、台湾美术馆馆长黄才郎等，都曾以文艺青年之姿，挥洒理想、投注青春热血，至今皆为文艺界人才。

该数据库为《雄狮美术》的电子版，内容涵盖了油画、国画、雕塑、书法、摄影等各艺术学科门类，共收录4700位作者、33000篇文献、68000幅图片，总计4500万字。另外，数据库除收录《雄狮美术》月刊艺术评论、艺术家及作品介绍、乡土文学、文艺创作、本土文化、人文关怀等招牌内容外，还收录了《中国美术辞典》《西洋美术辞典》两本重量级工具书，实时链接专业美术词条说明，令用户阅读文章时更能深入。

用户可以输入简体字对标题、作者、专题和全文进行检索，还可依照各刊的目录进行浏览。该数据库提供文本、文本＋图片、文本＋版面、图片影响等多种图文对照的阅读方式。

（三）ARTstor 数字图片资料库

ARTstor 数字图片资料库是一个收录艺术与各类科学的数字图片的数据库。由安德鲁·梅隆基金会于2004年正式推出，是一个收录全世界重要的建筑、人文艺术、社会科学的数字图片的资料库，目前共收录超过130万幅各国著名博物馆、美术馆、学校博物馆珍藏，学会典藏与个人收藏的高清图片与QTVR技术的全景图。其收录主题内容涵盖绘画、雕刻、工业设计、时尚、考古、古地图、建筑及城市规划、摄影及文学。ARTtstor为支持学术使用，已与权利人协商，使用者可直接利用ARTstor高清图片用于教学、研究和学习活动，同时开发多种技术服务以方便读者以多角度浏览图片细节，使读者选择的图片和其元数据可以直接转为PPT，书目信息可导入多个书目管理软件，具有图片和笔记共享功能，开发软件提供脱机浏览与细节展示等服务，同时部分图片亦支持学术出版。

四、音视频数据库

（一）圣才数字图书馆

圣才教育专门为高校用户搭建圣才数字图书馆，学生可通过圣才数字图书馆，免费使用1万多小时视频、5万种电子书（题库）等各类学习资源。圣才数字图书馆录制了10000余小时的高清视频课程，涉足多个专业2000多个考试科目、194种经典教材，其中涵盖英语、经济、管理、证券、金融等16大类。

（二）知识视界多媒体平台

知识视界视频教育资源库由武汉缘来文化传播有限责任公司推出。该库以音视频资源为基础，配合海量的文本资源及图片资源，为用户呈现视听一体化的多媒体科教平台。其内容丰富，涵盖的主题有人文艺术、材料化学、医学、建筑设计、机械工业、生命科学、军事等 16 大类。视频播放界面提供双语外挂字幕功能，并通过领先技术合成画面检索、片段下载等高级功能。

（三）蔚秀报告厅讲座视频库

蔚秀报告厅以 985 高校院士、教授或受邀在 985 高校举办讲座的国内外名师、行业领袖为主讲人，为用户提供讲座视频服务。蔚秀报告厅每日更新 985 高校的优质讲座视频，年更新 1200 场以上，每周现场直播约 3 场讲座，读者可第一时间分享名校、名师、名人讲座，多机位拍摄技术还原讲座现场氛围，即时评论功能可供读者在收看的同时进行交流互动。其中，人文艺术讲座视频包含自 2009 年至今的近百场讲座。

（四）雅乐国际教育视频库

雅乐国际教育视频库是网乐互联（北京）科技有限公司推出的视频数据库。其涵盖的主题包括教育、教学、社会科学、文化艺术、体育、影视等。该数据库按照中国图书馆图书分类法划分资源，分成 9 大类，100 多个系列，拥有 3 万个教育视频的海量视频资源。该数据库包含百家讲坛、传奇频道、英国 BBC 频道、美国国家地理频道、美国探索频道、影视集锦、央视频道、精品课程、百科集萃等模块。

（五）现代艺术视频库

澳大利亚的 Artfilms 推出现代艺术视频库。该视频库整合了大量来自世界各地艺术家的教学视频，适用于课程教学、灵感启发和学术研究。该视频库的片目独具匠心，片源来自澳大利亚、英国、美国、德国、丹麦、法国、匈牙利、加拿大、瑞士、巴基斯坦、印度尼西亚、印度、南非和日本等国家。其涵盖的学科包括舞蹈、音乐、舞台艺术、影视表演艺术、摄影艺术、数字艺术和新媒体、视觉艺术、历史与文化、语言与文学、建筑与设计等。

第二节　专题型艺术类商业数据库

一、音乐与舞蹈艺术数据库

（一）库客数字音乐数据库

1. 库客数字音乐数据库概述

库客数字音乐数据库（KUKE）是国内目前唯一的一家专注于非流行音乐发展的数字音乐图书馆，汇集了世界上 98% 的古典音乐、欧美亚非地区众多国家独具特色的民族风情音乐，也不乏爵士音乐、电影音乐、新世纪音乐等多种音乐类型。其涉及的音乐家从中世纪到现代约 9000 多位，这些音乐家既包括被载入史册、著作等身的大家，也包括那些名不见经传、处于不同时期、源于不同流派的普通曲作者。音乐作品涉及的演奏乐器达百余种，遍及交响乐、室内乐、合唱、歌剧、清唱剧、芭蕾舞曲、艺术歌曲、器乐曲等几乎所有类型，曲目总计约 50 万首。随着时间的推移，这个数字仍在不断刷新之中。

KUKE 的数字资源最先推出的是音频类音乐资源，2010 年开通了包括歌剧、音乐会、特色影片、大师课等在内的视频音乐资源板块。2012 年又增加了"库客剧院"板块，用户可以借助 KUKE 平台，同步欣赏到北京、天津、上海、杭州等地著名大剧院现场演出的音乐会、歌剧、舞蹈、戏曲等。与此同时，KUKE 还配备有声读物、乐谱资料，还有诸如详细的唱片介绍、歌剧故事大纲、作曲家及演奏家生平资料等丰富的文字类资源。总之，KUKE 资源集文字、图像、乐谱、音频、视频于一体，可谓丰富多彩、琳琅满目。用户登录平台，试听、欣赏、下载，直接操作，无须安装专门软件。此外，改版后的 KUKE 平台与时俱进，增加了"圈子""广播收听""移动应用"等新的时尚功能，以满足不同层次、不同环境条件下人们的音乐学习和欣赏需求。

2. 库克数字音乐数据库资源的组织类型

（1）音频资源

音频资源板块是 KUKE 内容最为丰富、数量最大的板块，可以看出，KUKE 对此板块的处理也是颇费心力的。进入"唱片（音频）"板块，我们可以看到音频资源主要是按"分类""乐器""音乐家""唱片厂牌"四条途径来组织的（并列其中的"乐谱"子栏，与库中音频资源并非对应关系，应该并非一种组织途径，仅作欣赏音频资源的辅助或参考而附置于此板块）。其中，"分类"和"乐器"途径分别设置了两个或三个等级，用表格表示如下。

表 4-1　"分类"途径

分类					
第一级	古典音乐	世界民族音乐	中国音乐	历史音乐	轻音乐	爵士音乐
第二级	古典音乐时期；古典合辑；热门乐器；大师经典解说访谈；轻松古典；音乐体裁；大师历史录音	世界民族民间音乐；世界人文音乐；世界各国国歌	中国声乐作品；中国器乐作品	大师历史录音	轻音乐；浪漫金曲；影视音乐；儿童音乐；健身/舞曲	当代爵士音乐；爵士历史录音
第三级	（对以上二级类目再分别进行细分，略）	—	—	拉赫玛尼诺夫；霍洛维茨；卡鲁索……	—	—

表 4-2　"乐器"途径

乐器		
第一级	西洋乐器	中国乐器	世界民族乐器
第二级	木管类；钢管类；西洋打击乐类；弓弦乐器类；西洋键盘乐器类	吹奏类；民族弹拨；拉弦类；打击乐器	民族吹奏乐器；民族弹拨类；键盘；民族打击乐类
第三级	（对以上二级类目再分别进行细分，略）	（对以上二级类目再分别进行细分，略）	（对以上二级类目再分别进行细分，略）

　　此外，"音乐家""唱片厂牌"途径，分别按音乐作品所属的音乐家或唱片厂牌的音序进行组织，每一字母下，罗列出相应的音乐家或唱片厂牌。

　　（2）视频资源

　　KUKE 的视频资源按"歌剧""音乐会""舞蹈""纪录片""音乐之旅""特色影片""爵士""艺术""戏剧""讲解与大师课""比赛""厂牌""演奏/指挥"共十三条途径来组织。除了"演奏/指挥"途径外，其余途径下，所属内容均是罗列式集中显示。"演奏/指挥"途径，先按音序标引，同一音

93

序下，再按"作曲家""指挥家""合唱团""乐团"等区分，最后于每一类音乐家下，罗列出相关具体的音乐家姓名。

（3）库客剧院

库客剧院资源的组织有两种途径。其一，按演出类型，将资源分为"爵士乐""相声""舞蹈""歌剧""古典音乐会""戏曲""话剧"七大类。其二，按演出剧院。目前仅有北京、天津、杭州、上海四地的北京音乐厅、中山公园音乐堂、嘻哈包袱铺安贞剧场、天津人民艺术剧院、天津中华剧院、天津音乐厅、天津西岸艺术馆、杭州大剧院、贺绿汀音乐厅、上海话剧艺术中心、上海天蟾逸夫舞台等共 11 家剧院名列其中。

（4）有声读物

有声读物内容丰富，涉及文学、艺术、宗教等许多方面。其共同特点是无论中英文诵读，皆附有精心选配的优美乐曲作为背景音乐，读物与音乐融于一体，富有感染力。对该类资源的组织，KUKE 采取分类或主题揭示的方式，将全部资源分为唐诗、宋词、儿童文学、青少年文学、莎士比亚、哲学、宗教、音乐家传记、历史、体育……总共 23 类，每类之下，显示相应的读物内容。

（二）牛津格罗夫音乐在线数据库

牛津格罗夫音乐在线数据库前身是牛津音乐在线，是收录牛津大学出版社出版的多种音乐著作的全文数据库，是收录音乐专业权威资源的主要数据库。它包括具有 112 年历史，29 卷的音乐巨著《新格罗夫音乐百科全书》、4 卷版的《新格罗夫歌剧大辞典》、3 卷册的《新格罗夫爵士乐大辞典》三套音乐经典的全部内容。这三套音乐经典巨著是来自世界各地六千位音乐家花二十年时间完成的。这个数据库是当今唯一被公认最具权威性的音乐学术与表演艺术的在线百科全书。其收录主题有古典音乐、民间音乐、爵士乐、流行音乐、20 世纪音乐、歌剧等从史前至当代全世界所有音乐学领域的完整内涵，内容包括历代音乐家、作曲家传记、作品、书目文献、乐器、音频范例、插图等。该数据库许多链接链接到古典音乐图书馆以及国际音乐文献资料大全书目数据库，还有与牛津其他人物传记类资源互相链接，如与《牛津国家人物传记大辞典》进行互链。其收录史前至今关于音乐形式与音乐家的 55000 多篇有原文的文章，这些文章由 6000 多位国际知名专家撰写。其收录了每位音乐家完整的作品列表 500 多个音频范例，33000 多篇人物传记。该数据库最新收录了《牛津西方音乐大典》《牛津音乐辞典》等著作的全部内容。

数据库可以根据需求进行初级检索和高级检索。初级检索只要在搜索框中输入要查询的内容（如音乐家、作品名、乐器名等），并选择要在哪个资源库进行查询，如《牛津音乐辞典》、格罗夫音乐在线数据库、牛津音乐指南等。

高级检索包括三大查询方式：主要查询、自传查询、书目查询。如选择主要查询，则在搜索框中输入要查询的内容，在选项一栏选择具体的类型，其中包括全文、标题、书目、投稿者、著作列表，点击"搜索"后即得到更精确的查询结果。

（三）国际音乐期刊资料库

国际音乐期刊资料库（IIMPFT）由普若凯斯特资讯有限公司出版。该数据库收录 20 多个国家的 450 多种国际音乐期刊的索引和文摘，140 多种音乐期刊的全文，20 多万条索引记录，70 多万篇文章。收录年限最早 1874 年，其中大部分文章是 1996 年以来的期刊文献。IIMPFT 收录的学科范围为音乐理论、作曲、音乐教育、声乐、音乐学、音乐剧、通俗音乐。主题涵盖古典音乐和歌剧、爵士乐和蓝调音乐、摇滚乐、灵魂乐和嘻哈音乐、民间音乐、音乐商业、录音、民族、音乐学、音乐教育、音乐疗法、乐器等。其包括音乐术语表、歌剧内容提要、音乐基本概念、作曲家和艺术家姓名的发音指南四种索引。

二、戏剧与影视数据库

（一）全球电影资料库

全球电影资料库是由英国电影协会（BFI）出版的，收录了全球 170 多个国家的电影记录及其背景资料，涵盖 70 多个年代，其中有第一部默剧电影，也有现今大受欢迎的票房强片，共有 12 万多部电影纪录与将近 90 万电影从业人员的资料。每条索引中含有电影编导、演员阵容等资料，还有电影得奖记录，以及媒体报道或相关期刊文章的记录。现为普若凯斯特资讯有限公司数据库的子集。

（二）20 世纪娱乐杂志数据库

20 世纪娱乐杂志数据库（EIMA）是由普若凯斯特资讯有限公司出版的数据库，收录 30 种英美著名的音乐、电影、娱乐方面的杂志，从创刊到 2000 年的回溯内容，共约 250 余万面的全彩高画质原文影像，可针对电视、电影、流行音乐等评论、访问、排行榜等进行查询，有助于研究人员或学生深入了解娱乐产业在 20 世纪的发展进程。相关研究主题有：娱乐业经济、次文化、电影及音乐专辑制作的行销及市场接受度、20 世纪 60 年代文化政治与社会之变迁。

此数据库包含整个 20 世纪中对有关主题领域提供主要历史纪录的几大行业杂志。虽然这些杂志的主要关注点分别为电影、音乐、电视或广播以及戏剧，但也交叉涵盖从音乐厅、马戏团、庙会到点唱机、博彩机和电脑游戏等整个历史上所有的大众娱乐活动。

（三）美国电影学会目录数据库

美国电影学会目录数据库（AFI）由普若凯斯特资讯有限公司出版，由专业研究人员在美国电影学会编制，是美国电影的首要资源，美国电影学会目录数据库（AFI）收录了 1893 年至今的美国电影信息，以文档形式记录了美国电影制作年表。其包括每部电影的剧情、制作公司、出品公司、导演、演员、制作人、配音、工作人员、出品日期、电影时长、流派、媒体评价等信息。

三、艺术设计类数据库

（一）数据公园数据库

数据公园数据库是数库（北京）科技有限公司推出的有关设计与创新、创意趋势分析的数据库资源，提供基于创新设计趋势洞察和商业决策数据分析的大数据服务。数据库主要涵盖六大领域，即产品、时尚、品牌、建筑、室内、消费者。目前其已收录超过 5000 份报告，并且每周增加 60 份。该数据库有超过 200 个横向的细分观察点（如色彩、材料、市场、技术、风格等），能把细节观察变成结果分析。该数据库中的报告均可根据相应标题进行精确检索，每份分析报告下端也会有相关报告的直接链接，且可在全库范围内搜索相关项目的所有分析报告。

（二）Design and Applied Arts Index 数据库

Design and Applied Arts Index（DAAI）数据库由普若凯斯特资讯有限公司提供，是目前设计及应用艺术领域中主要的书目数据源，为从事设计暨艺术创作的工作者，包括研究员、学生、图书馆管理员提供丰富的资源。该数据库收录 500 多种设计及手工艺期刊，大约有 55000 位设计师、工艺师、录音师资料以及工作坊、电影等资料。收录年限自 1973 年至今，现超过 199862 条数据，月更新两次，每次新增 600 条记录。

（三）中外经典影视数字资源库

这是大型中外珍贵影视资源库，它萃取奥斯卡金像奖影片、中国著名经典老电影和战争老电影的精品内容，分三个专题呈现。该资源库中的 300 多部永不褪色的影视经典，都历经了百年岁月的沉淀，是在全世界电影史上散发着恒久光辉的传世之作。中外经典电影数字资源库呈现给观众的是电影工业技术及视觉美感体验，这些不可复制的光影故事，备受膜拜，历久弥新，穿透各个时代的纷纭，沉淀成为传世经典。

（四）WARC 数据库

WARC 数据库是专业提供市场营销和广告传播方面资料的在线数据库，它提供世界一流的关于广告产品的实践、证据和见解。WARC 发布全球质量领先的杂志，同时提供近万份获奖的案例研究、来自 90 多个国家的创意、500 余份相关国际会议的报告内容，以及权威的广告支出预测和媒体数据等内容。WARC 举办案例研究竞赛，如 WARC 创新奖、WARC 社会战略奖、WARC 亚洲战略奖。WARC 数据库具体内容包括 9000 多个案例研究、1 万多篇文章、6500 多篇研究报告、26000 多条咨询、4300 多段视频资料、240 多个趋势报告、160 多个最佳实践分析。除了 WARC 自身内容外，WARC 还集成了来自全球50 多个知名业内人士的最佳实践和广告案例研究。

（五）Lynda 艺术设计软件视频学习平台

Lynda 1995 年创立于美国加州南部的圣巴巴拉市，是一家在线视频教学网站。该平台主要制作软件、商业、科技和创意技能等领域的教育视频。该平台提供 63000 门课程和超过 267000 个现在最流行的软件技术视频教程。其主要包括平面设计、网页制作、CAD 制图、3D 动画以及音视频软件开发等课程。所有视频均为专业人士录制，大部分教学视频都提供练习素材，对于艺术设计软件学习而言非常方便、实用。个人用户仅需 30 美元 / 月即可观看下载相关视频和素材。

四、建筑艺术类数据库

（一）Lifestyle & Interior Design Trends Forecasting

该数据库前身为 Homebuildlife（HBL），是全球时尚资讯网 WGSN 集团旗下的子数据库，具有开创性的在线趋势预测和产品设计工具，专门为设计、家居和室内装饰市场所打造。从最初的产品设计创意到市场上的成熟产品，创意智囊、设计灵感、产品分类、零售洞悉这四大关键领域为这一过程提供了灵感。

该数据库提供室内设计方面的精辟的剖析、即时资讯和趋势预测信息，帮助设计师自信地制定色彩、采购和设计决策。通过每年深度报告超过200场的展会信息,一年两度发布针对不同领域和地区的室内设计色彩报告,预测未来5年的消费行为。数据库内容涉及23个不同的类别,针对各个家居装饰分类和生活时尚市场,提供深度见解、趋势分析和产品开发工具。其主题包括汽车、寝室及浴室、色彩电子产品、装饰性配件、体验设计、时尚链接、饮食、家具及照明、花园及户外、酒店、室内风格、儿童房间、厨房及桌面、材料及表面、纸张及包装、宠物、印花及图案、应季礼品、纺织面料、复古及手工、墙饰及地板。

(二)International Architecture Database ArchINFORM

该数据库由对建筑设计领域感兴趣的学生所建,是目前最大的建筑设计类的数据库。它主要收集20世纪的建筑,目前已有65000个建筑可供查询。在该数据库中可以用建筑师、建筑物名或者关键词进行检索。检索结果有网站、建筑项目、书目以及杂志文章索引等,索引中的红点表示有图片。

(三)艾弗里建筑期刊索引

艾弗里建筑期刊索引(AIAP)编辑团队设立在纽约的哥伦比亚大学。此数据库是为世界各国在建筑设计、考古学、城市规划、室内设计和历史保存等领域中出版的期刊文章所提供的全面索引,最早索引记录回溯至1865年。AIAP收录2500多种美国及国际期刊共计44万多条记录,主题包括建筑学、城市设计、城市规划、室内设计和历史保存,还特别提供近13000份建筑师、建筑史学家以及研究者的讣闻引文。该数据库每周更新一次。

五、时尚艺术类数据库

(一)国际时尚趋势及市场专业数据库

国际时尚趋势及市场专业数据库(WGSN)创建于1998年,是全球领先的在线时尚预测和潮流趋势分析提供商,该数据库为各时尚产业以及业界精英提供来自全球时尚之都的最新专业时尚资讯。2014年,WGSN和Stylesight合并后推出全新的综合性新平台,既保持了资讯分析的敏锐,同时报告及图片的浏览检索更为方便。WGSN报告有英文、西班牙文、中文、日文和韩文5种语言的版本,某些板块或报告只推出英文版,网站有特别标注。WGSN数据库收录了超过500万张的图片库,近3000个报道。数据库内容包括秀场、趋势预测、图片库、设计工具库、潮流都市、设计灵感、产品分类、市场情报、其他九个模块。数据每天更新，不同类型的报告发布的时间不一。

（二）女装日报回溯数据库

女装日报回溯数据库由普若凯斯特资讯有限公司出版，提供了《女装日报》从 1910 年创刊号到 2012 年 12 月的完整回溯。《女装日报》被业内人士广泛认为是"时尚圣经"，或时尚界的《华尔街日报》，是时尚产业中最具影响力的刊物之一。其每日发行，是时尚和美容的商业记录，商业聚焦在企业形象、新闻报道和评论上。《女装日报》追踪行业日常新闻、评论及社会经济趋势，出版记录了时尚行业的关键历史时刻，主流的女性时尚趋势，主要的设计师、品牌、零售商、广告等。

该数据库以高分辨率的图像重制每一页的文章、广告和封面，并都提供文本检索和索引。其可对配件、广告、美容、商业、通信、时尚、头版、讣闻、零售和小道消息等进行内容搜索。其内容按公司、品牌、摄影师、造型师等，可进行精确搜索。该数据库适用于零售业、时尚史、流行文化、性别、市场营销和广告等研究。

（三）THE VOGUE ARCHIVE 数据库

THE VOGUE ARCHIVE 数据库是美国康泰纳仕集团与普若凯斯特资讯有限公司联合出版的。高解析度的彩色影像制作收录已出版 120 年的《Vogue》杂志，时限为 1892 年出版的第一期至今。该数据库针对照片中人物姓名、设计师姓名、材质、颜色、配件等建立索引，方便读者对照片进行检索。

（四）伯格时尚图书馆数据库

伯格时尚图书馆数据库是全球最权威的时尚与服装设计类数据库，能满足处在各个不同职业阶段的时尚与服装设计工作者的需要。该数据库提供教师课程教案，全文收录《伯格世界服饰和时尚百科全书》并每年更新两次，独家收录时尚界专家的专业观点与评论，收录伯格时尚类图书并定期更新，与全球艺术博物馆及研究所合作，可链接至牛津格罗夫艺术在线数据库，收录了时尚领域的最经典的文章：67 篇时尚界开创性的经典作品，提供全球著名博物馆名录。该数据库还包括时尚摄影档案馆、费城艺术博物馆馆藏作品等模块。

（五）布样与概念设计数据库

布样与概念设计数据库的用户为服装设计、室内设计、工业设计从业者与相关学院。数据库存有 7000 余张图片，涉及动物、植物、人像、风景、工艺品、艺术作品、建筑、雕塑等各类素材。布样图片 4 万多张，分类涵盖成衣、家饰、地毯、缇花布等超过 100 种的布料种类。该数据库所有灵感图片、布样图片均经过标准潘通色系分析，用户简单选择所需色彩后，该数据库可通过数字化的内部关联自动调取相应图片。用户使用该数据库时可选取灵感图片，确定色彩，关联布样，选择白描图，将布料图案套入服装。用户还可自行上传灵感图片与白描图片，也可方便下载布样图片、白描图片及自己创作的作品。

第五章　美术文献信息的检索

美术是最重要的艺术门类之一，因此，研究美术文献信息的检索对于研究艺术文献信息检索而言具有十分重要的价值和意义。本章分为美术文献的类型与特点、专业美术院校网站文献信息检索、大型艺术类网站文献信息检索三部分。本章主要内容包括美术文献的类型、美术文献的特点和研究存在问题、美术院校概述等方面。

第一节　美术文献的类型与特点

一、美术文献的类型

美术是最重要的艺术门类之一，一般包括绘画、书法、篆刻、雕塑、建筑、工艺美术和摄影。摄影出现的时间比较晚，古典美术文献不包括摄影文献。美术文献根据美术类别不同，分为绘画文献、书法文献、雕塑文献、设计艺术文献（建筑、工艺文献）四类。根据记载信息方式不同，分为美术作品、金石作品和文字文献三类。下面重点介绍中国美术文献的类型。在中国古典美术文献中，绘画和书法占绝大多数，而雕塑、设计艺术所占比例很小，这与中国古代"重道轻器""不尚技巧"的观念有直接关系。书法、绘画的创作主体是文人士大夫，而雕塑和设计多是工匠，社会地位有很大差别，记载各自知识信息的文献数量悬殊。我们可以按照存在形态和内容对美术文献进行分类。

美术文献按照存在形态可以分为以下几种。①单句文献，如先秦诸子中有关艺术的言论，以及散见于其他文献的艺术言论。②单篇文献，如魏晋时书画、图序，文人书画评等。③美术著述，如谢赫《古画品录》等。④汇编，将前人

101

单篇、著作进行校勘、版本研究，然后编辑成册而形成的文献，如沈子丞《历代论画名著汇编》等；类书，如《艺文类聚》等；辑录，是对古代书画文献的句子、段落进行摘录，并进行校勘形成的文献，如王世贞《王氏画苑》、詹景凤《詹氏画苑补益》，开创这种书画文献体例之先河；丛书，如邓实、黄宾虹《美术丛书》等。

美术文献根据内容分为以下几种。《古画品录》出现以前的艺术文献是零星的言论，散见于先秦诸子著作、历史文献、地理著作、笔记体小说，以及早期神话故事，如《水经注》《世说新语》等，大多与艺术起源、艺术的宗教和伦理功能有直接关系，有的并非专门针对美术而发表的言论，但对解读和阐释美术起源、功能等都有很大价值。美术史文献，如《历代名画记》等；美术创作文献，如余绍宋《画法要录》等；美术批评（品评、评论）文献，如谢赫《古画品录》等；目录索引，如《宣和书谱》等；书画题跋文献，包括艺术家自己的题跋和他人的题跋、题画诗、美术年表、美术鉴藏、设计艺术文献及图录等。

二、美术文献的特点和研究存在问题

第一，美术文献研究中存在术语翻译不专业的问题。如我们所知，我国美术文献翻译的研究时间并不长，还处在成长期，国内现存的可作为参照的著作并不多，因而不可避免地出现不懂硬译和错译的现象。由于缺乏专业规范，一些术语及译名不够统一，这种互不相同甚至相互矛盾的翻译方式给读者造成了很多困惑，也给学者交流带来了不便。有时甚至出现一部著作中同一译名前后不一致，同一幅作品被翻译成了不同的名称的情况。同一个术语在不同的语境下意义可能会有所不同，有些译者不加以区分，造成词不达意。

在文献翻译中，音译环节较易出现译词不同的现象，虽不影响具体观点的表达，却容易使读者迷惑。以希腊神话与罗马神话中诸神的名字为例。由于希腊语与拉丁语发音不同，同一主神其名字也存在不同。如希腊神话中的海神与太阳神分别是波塞冬与阿波罗，而在罗马神话中为尼普顿和索尔。所以译者在翻译涉及罗马神话与希腊神话中的具体人物时要一一对应。而马奈（Manet）与莫奈（Monet）这两位印象派大师也时常因名字发音相似而被混淆。给译名加注是避免类似错误发生的行之有效的方法。在注释中列出英文对应的名称，既体现了译者一丝不苟的工作态度，也易于读者进行阅读。

美术文献翻译的基础是精准判断词意。英文单词有很多义项，而在特定的句子中，采用哪个义项更为准确的问题需要译者根据上下文内容来判断。例如，perspective 为"透视画法"，而不能译成"观点"或是"远景"。译者不仅要有扎实的英语功底还要对基础艺术史与概念有所掌握才能做到有的放矢。翻译的一些专有名词和术语是有工具书可做参考的。例如，历史地名我们可以查阅《泰晤士历史地图集》，现代地名我们可参照《外国地名译名手册》，人名翻译借鉴商务印书馆的《各国姓名译名手册》。

翻译人员专业素养有待提高。目前国内从事美术文献翻译的人员包括两大类，一类是从事文献研究的专业人士，虽然对艺术史有所了解但却受到外语水平有限的制约；另一类是外语专业人员，虽然他们很好地掌握了外语这一工具，但在翻译实践中很难译出精品。翻译并不是源语言与目标语言的逐词逐句的简单转化，还要考虑到两种语言形式背后的思维体系与文化环境。美术文献研究涵盖了许多方面的知识，如美术史、历史学、文艺批评、社会学，甚至是哲学和心理学。此外，可能还会遇到很多非英语的相关文献，包括拉丁语、法语、意大利语等。有些译者甚至还会受到母语基础薄弱的制约。所以说，美术文献翻译是对译者综合素质的考验。

因而，沈语冰先生提出艺术文献翻译要提倡"研究性翻译"，以此来完善艺术史和现代美术方面的研究。翻译人员必须是一个研究人员，不仅要将两种语言进行高效的转化，还要将两种语言背后的思想进行有效衔接，由此最大限度地降低翻译过程中出现的理解方面的谬误。翻译是一个创造性解释的过程，是两种知识板块的地壳运动，不可避免地会出现这样或是那样的解释性问题。研究性翻译或是比较性研究都是译者需要掌握的技巧。正如一些文章中提到的"等效翻译理论"也是在强调原著与译作不仅要内容相符，在思想意境与语境方面也要对原文进行如实的传达。通过翻译，译者可以对两种语言文化之间的异同有更深刻的理解。源语言与目标语言转化的过程，也是对美术文献最好的细读。只有经历这个翻译的过程，才能更好地掌握美术文献的精髓并将其融入我们固有的文化中。

翻译是文字与思想转化的过程，译者一方面需要提高自己在美术文献专业方面的素养，不断涉猎新的知识，接收艺术界的新思潮和新的绘画技艺等；另一方面需要提升自身外语能力，更深地理解原著，更多地掌握专业词汇，并能熟知某一单词在不同语境中所适用的义项。只有翻越词汇方面的障碍，译者才能够提高翻译效率与翻译质量。另外，翻译人员应该与美术文献研究人员多交流，挖掘作品本身更深层次的内容，在面对新流派与新技法时，多进行探讨，从而更深地对所译内容有所领悟。

第二，经典美术文献和反映美术新进展方面的文献引进速度慢的问题。目前，我们所能得到的美术类文献，多是些简单的介绍类的著作，诸如简史、入门之类的普及类的书籍，或者是一些成书时间较早的经典文献，无法反映如今国际上艺术方面的新变化。简史、入门之类的书籍，往往英文原版也是比较简单的，许多艺术类的读者可以实现自主阅读，无须翻译。而那些真正的经典之作，那些影响了一个艺术学科并具有原创性和独特价值的著作，却少有被翻译成中文的。一些新兴的美术绘画技法与作家作品很难引进或引进速度慢。

为何存在文献引进速度慢的问题？首先，我们没能创建西方美术史研究方面的文献目录。外国美术文献资源极其丰富，面对数不清的研究方面的文献，我国文献研究人员需要付出艰辛的努力才能够弄清这些文献的脉络，才能够有效地建立起待引进文献的目录。而我国文献研究者以及文献翻译人员恰恰不擅长或从未从事过目录学的研究，这就导致我们虽然努力地翻译了很多艺术史著作，而这些著作根本不具备研究价值与深度。翻译的文献中缺乏极具影响力并有着重要艺术地位的优秀文献。我们的文献研究者不能跟上西方艺术发展的步伐，对很多新兴的艺术流派或绘画技巧缺乏足够的了解。我们需要与西方美术文献的研究者进行交流，在掌握艺术发展新趋势的基础上加强目录学的研究。例如，我们可以根据时间这一脉络，列举出不同历史时期的不同流派，以及这一流派的代表人物和经典作品。在宏观掌握的基础上，再进行重点流派中具有代表性的作家作品的研究工作。

其次，影响作品引进质量的因素还在于整个社会对于文献翻译研究的态度问题。文献翻译是一个复杂而又艰辛的工作，而这项工作却未得到应有的重视。一些从事艺术史研究的教授，往往将翻译的工作交由外语基础并不是很好的研究生来翻译，大大影响了译著质量。出版社在审稿的过程中也缺乏严格的校对，有些作品又是由若干人编译成册的，造成了前后同一作家或作品名称不一致的问题。另外，翻译往往不被记作科研成果，在评定职称时，译著并不会为评定加分。所以，教师对于美术文献翻译的积极性不高。

第二节　专业美术院校网站文献信息检索

一、美术院校概述

美术院校是指专门从事美术类教学及研究的高校，与综合类大学相比具有较强的专业性和实践性。随着近几年美术专业的不断发展，高校美术专业大致分为三大类：纯美术类、设计类以及传媒类。

伴随着新中国艺术教育的发展，中央美术学院、中国美术学院、清华大学美术学院、西安美术学院、鲁迅美术学院、四川美术学院、广州美术学院、湖北美术学院、天津美术学院、上海大学美术学院十所美术院校，在创作和教学中形成了各自的特色，为国家培养出了出类拔萃的美术类人才，为全国的美术教育事业做出了突出贡献，成为我国美术教育的中坚力量。

二、国内部分美术院校主页及介绍

（一）景德镇陶瓷大学

1. 学校概况

景德镇陶瓷大学是中国唯一一所多科性陶瓷本科高等学府，校名由郭沫若题写，是全国 94 所有资格招收享受中国政府奖学金攻读学士、硕士学位的留学生的高校之一。

经过几年努力，目前景德镇陶瓷大学图书馆拥有各类陶瓷特色藏书近 3000 册，特色藏书部也初具规模，下辖陶瓷与美术阅览室、古籍室、陶大文库、赠书室、外文与工具书阅览室等。陶瓷特色文献资源的馆藏已经成为景德镇陶瓷大学图书馆的一大特色。

由于景德镇陶瓷大学在国内享有"陶瓷黄埔"的美誉，不少国内艺术家会向景德镇陶瓷大学图书馆捐赠陶瓷或书画作品。2016 年江西省政协原副主席殷国光向景德镇陶瓷大学图书馆捐赠了书画作品集。

2. 主页特色

景德镇陶瓷大学网络教学综合平台是为师生开展网络辅助教学服务的支撑平台，该系统支持教师与学生进行网上互动式教学活动。它能为学生提供网络辅助学习支持功能，如浏览所选课程相应的课程辅导材料，进行网上提问、在线测试、讨论式学习等。它能为教师提供网上教学支持功能，从而拓展教学空间，扩大师生视野。

在精品课程中，可按课程内容进行选择。课程的相关内容包括教学大纲、课程录像、PPT 课件下载等。

在教学资源中心，可根据需要，对所属学校、专业、上传时间等进行筛选并下载相关课程。

（二）清华大学美术学院

1. 学校概况

20 世纪 80 年代至今，清华大学进行了一系列院系组织改革与调整，其中清华大学美术学院的建立格外引人瞩目。1999 年 11 月 20 日，中央工艺美术学院（以下简称"工艺美院"）正式并入清华大学，转为清华大学美术学院（以下简称"清华美院"）。时任清华大学主要领导将两校合并视为"清华大学发展史以至于全国教育体制改革中具有重大和深远意义的一件盛事"。事实上，这是清华大学办学历史上首次通过合并的方式将一个新学科纳入正式建制。

提倡"艺术"与"科学"相结合，是清华美院对自身学科定位的重新划界，作为一个刚刚完成变革的学科组织，学科划界目的是厘清自身在全国高等教育系统中与其他学科组织的差异性。作为清华大学的二级学院，差异性是清华美院区别于竞争对手的符号标识，能够为组织发展提供保持精英属性的策略空间和发展动力。两校合并之后，"科学"与"艺术"继续被弘扬，新组织在学科兼容和互补的基础上，还包含着学科布局、人才培养、学术活动和大学发展目标等更加丰富的公众期待，从而使新组织的合法性得以巩固和加强。

清华美院在官方印发的招生宣传册上，将新组织的培养目标表述为"加强艺术与科学的融合，清华大学期待能够培养具有更好的人文精神和创新能力，符合 21 世纪社会需求和教育理念的人才"。

清华美院一直试图构建具有"科学"和"艺术"两种文化符号的制度架构，实际上是在探索不同学科在同一制度框架中交叉和互补的关系，并试图将这种关系理论化、系统化，"科学与艺术"隐喻了现代科技改变世界的强大力量，指向了艺术可以赋予这些力量一种象征形式的可能性。寻求"科学""艺术"两种文化符号的内在关联，则意味着新组织要承担维系科学研究理性和艺术创作前沿性的双重目标，即在继承并保持原工艺美院现代设计教学优势的基础上，还要在理论研究方面拔得头筹，以期在全国艺术高等教育结构中维系精英位置。

2. 主页特色

清华美院现作为清华大学的二级学院，可以通过访问清华大学的主页，点击"院系设置"一栏，再点击"美术学院"进入。

清华美院的主页由"最新消息""学院概况""教师队伍""教务教学""招生信息"等十一个部分组成。

第三节　大型艺术类网站文献信息检索

一、国内外艺术网站

本节从网站用户角度，主要选取国内外艺术电子商务实践中具有代表性的三个典型案例——"雅昌艺术网""deviantART""中国艺苑网"，通过对三者优化状况进行梳理、对比和分析，得出一般网站相对于成功网站需要改进的地方，同时也希望成功案例为一般艺术类网站优化提供借鉴意义。

（一）国内艺术网站概况

2003 年以来，中国艺术市场迎来了瞩目的发展，电子商务应用使中国与发达国家艺术市场间的距离大大缩短。目前，国内艺术类电子商务经营活动覆盖了美术、设计、音乐、舞蹈、戏剧、游戏、民族艺术等几乎所有领域的市场。艺术文化领域的电子商务发展迅速，新技术、新观念、个性化的营销模式，贴心、细心、人性化的服务方式，清晰明确的网站功能，漂亮抓人的页面设计等应用实践层出不穷。在基于互联网的电子商务领域，求新、求变、适时调整几乎成为固有的主题。这些网站建站初衷和发展势头都是美好的，但在发展历程中也有矛盾产生，接下来将主要从不同的方面描述国内艺术网站的概况。

根据对相关艺术类网站案例的分析和前期对艺术类站点的学习，我们总结出现今国内艺术类网站发展有以下特点。

1. 主题确定

现今艺术类网站主要有以下几种主题：门户、专业机构、个人、高校、社区、商业。一般来说，艺术门户因为包罗万象，应做到规划严谨，给人以专业的印象；专业机构艺术网站应根据具体专业灵活设计；个人艺术网站是艺术家、爱好者等展示个人作品、发扬艺术风格的在线空间，可以相对随意，并且可以更加凸显个性，同时形式和内容都有很大的主观性；高校艺术网站一般遵循艺术教育的理念，内容安排多为艺术数据资料、艺术精品课程、教与学在线互动形式；艺术社区网站为艺术家和爱好者等提供了展示个人作品、交流讨论的在线场所；艺术商业网站以促进艺术品交易为宗旨，多提供展示、拍卖、交易资讯和交易平台。

2. 总体发展水平一般

一般艺术门户由于其依托学科的传统性较强，对信息技术需求不是十分强烈，难以找到二者的有机结合点，同时也缺少强有力的动力推进，加之起步较晚，发展速度较慢，相对其他类型网站日新月异的发展进程，呈现出了总体发展水平一般的现象。

3. 网站质量差异较大

国内艺术门户网站领域虽然总体发展水平一般，但是其中不乏优秀案例。例如，雅昌艺术网不但在国内艺术行业占据了一席之地，在国际上也有着相当大的影响；嘉德在线为艺术品交易服务提供全方位展讯、交易信息，给中国艺术市场注入新活力……这些艺术网站不但在本行业中居于领军地位，就连在国内所有网站排名上也是位居前列。但是有些艺术网站状况不容乐观，很多网站自建立开始就缺少持续维护，内容更新缓慢，不注重改进优化。

4. 缺少创新

艺术门户网站发展虽然可以借鉴一般网站的模式，但是若要取得长期实质性的进展，一定要有独具特色的内容。网络的开放性给每个用户提供了施展才能的机会和空间，但网络要发展，完全复制别人的成功模式却未必会取得成功。模式要创新、内容要原创——这不但是互联网尊重知识产权的根本要求，也是网站自身发展的持久动力。

（二）国内外典型的艺术网站

1. 雅昌艺术网

在这里，我们先从雅昌艺术网运营概况入手，接着从网站的视觉元素、信息架构、其他优化措施，由表及里，逐步分析，以求全面深入认识整个网站，也为总结网站优化特点和提供优化方案奠定基础。

（1）现状概述

1993年，雅昌集团创建于深圳。该集团目前已发展成为一家颇具规模的现代化印刷企业集团。

2000年10月，雅昌集团创建了雅昌艺术网，企业发展重点由印刷转移到艺术资讯领域。网站日均浏览量多达 800 万人次，稳居美国 Alexa 测评中国艺术类网站第一名。目前，不管是在资讯方面还是在艺术指数方面，雅昌艺术网都已成为同行中的佼佼者。自 2007 年以来，雅昌集团又相继成立了图书网、拍卖信息网、艺术家网、艺客空间、画廊网、雕塑网和英文网。

具体来讲，该网站的主要业务如下。

①艺术资讯，主要栏目设置为新闻、视频、评论、展览、指数、专题、院校、机构和期刊。

②交流空间，形式有博客和论坛。

③站内搜索，中国艺术行业的垂直搜索引擎"中国艺搜"。

④在线交易，有 16 个大类、83 个小类、上万家店铺。

⑤特色业务，基于网站自行研发的中国艺术品拍卖市场行情发布系统、艺术家个人资产管理、市场调查报告和艺术品复制。

雅昌集团独创了"传统印刷 + 现代 IT 技术 + 文化艺术"的独特运营模式，利用其在印刷界的优势和庞大的用户群，逐渐把雅昌艺术网发展为新型的传播媒介，利用各种网络营销推广手段进行产品和服务的推广，使企业的产品和服务多维度地满足消费需求，实现其自身的价值，在消费者心目中树立了良好的品牌形象，成为享有很高声誉的中国艺术门户网站。

（2）视觉元素分析

用户在浏览网站时，整个网站的视觉元素是用户接收信息、完成交互的窗口，由于网络阅读的特殊性，网站视觉效果对用户体验满意度显得尤为重要，这里选取的三个案例也从视觉元素对比开始分析。雅昌艺术网各级页面视觉元素分析如表 5-1 所示。

表 5-1　雅昌艺术网各级页面视觉元素分析

检测项	检测对象			
	主页	专题页	信息页	子网
主题	艺术门户（展示型）	—	—	—
网站风格	实用、严谨	—	—	—

检测项		检测对象			
		主页	专题页	信息页	子网
主题元素、栏目标题及其背景色、作品标题、区块边框线		Flash 通栏广告	分割线	文章标题、栏目标题及其背景色	Flash 通栏广告
		栏目标题及其背景色	—		—
		作品标题	面包屑导航	区块边框线	—
		区块边框线			—
排版	页宽（像素）	960	820	820	820
	版式	紧凑	紧凑	中规	紧凑
版面布局		上中下	上中（左右）下	上中（左右）下	上中下
弹出和浮动窗口广告		8 个	0 个	0 个	8 个

分析结果：网页所用色系、版面布局和网页风格很好地契合了网站主题，且全站用色和布局都达到了高度统一，总体情况良好。由于网站内容更新较快，数据量基数巨大，网站使用了弹出和浮动窗口广告，这一形式虽能及时把信息推送到用户面前，但对于一般的浏览用户来说，这在很大程度上影响了他们的体验满意度，也成为网站美中不足之处。

（3）信息架构分析

主页作为整个网站的门面，在所有网页中的地位至关重要，也最能代表网站的整体水平。每一个网站主页都有独特的表现形式，外观呈现出烦冗复杂的景象，但究其根本都是 HTML 的样式表现。为了提取出直观的案例首页框架，这里将用 HTML 标签替代主页相应的栏目。此处以结构简图的形式对雅昌艺术网进行主页结构分析，其示意图如图 5-1 所示，表中每个单元格代表一个栏目。

登录、联系信息		
网站标识	广告条	日期
导航		
子网		
本月活动		艺搜
广告条		
新闻	画廊网拍卖信息	展览拍卖公告
广告条		

续表

画廊推手／展览推荐	艺术投资 站务公告	最新拍卖结果
广告条		
博客论坛	评论专栏	专题视频	艺术家指数 广告
站务广告		
图书	艺交网	艺术家	雅昌指数
合作机构		
荣誉		
网站说明、联系方式、版权、许可证		

图 5-1　雅昌艺术网主页结构示意图

分析结果：整个页面上下横栏用通栏 Flash 广告条隔开。每个横栏有 2 至 4 个栏目不等，由于合理布局，显得整体条理清晰。所有链接都有明显标识，且信息页链接与其他链接有明显区别，主页版面布局良好。

一个网站的信息架构是否良好，关系着用户能否快速、有效地查找到其所需信息，下面将根据若干组成网站信息架构的元素进行列表分析，得出雅昌艺术网信息架构的整体水平，具体内容如表 5-2 所示。

表 5-2　雅昌艺术网整站信息架构

检测项	检测结果	
	检测情况	参数说明
子网	8个／拍卖信息、艺术区(画廊)、艺术家、交艺网、图书网、摄影、雕塑、书画	数目／概述
区域网	2个／深圳站、上海站	数目／概述
外文版	有／英文版／否	有无／语言／是否为简单翻译版
面包屑导航	雅昌艺术网＞新闻＞综合新闻＞正文	形式举例
站内搜索	中国艺搜，支持检索条件(信息分类)控制	特色
网站地图	全面／清晰	覆盖度／清晰度

检测项	检测结果	
	检测情况	参数说明
特色应用	雅昌指数 / 样本分析得出的走势图 市场调查报告 拍卖市场行情发布系统 艺术家个人资产管理 / 作品数字化复制管理系统	名称 / 概述
网站内容	准确 / 原创 + 转载 / 更新及时	准确性 / 来源 / 时效性
死链接 / 链接总数	7/409	主页
	6/196	专题页
	4/125	信息页
	15/584	子网
友情链接	166/ 综合、艺术、收藏、教育、机构	个数 / 分类
页面间链接	良好 / 良好 / 良好	相关性 / 连续性 / 完整性
分析结果	网站拓扑广泛性	良好
	栏目设置全面性、无交叉	良好
	各级页面间链接、搜索导航机制	良好
	链接和正文有效性	良好
	页面布局技术	过渡

（4）其他优化措施检测

这里在提炼出的数据和分析结果的基础上，依据一定的优化原则对案例的其他优化指标进行检测，并根据诊断结果给予优化建议。雅昌艺术网其他优化措施检测结果如表 5-4 所示。

表 5-3　雅昌艺术网其他优化措施检测

检测项	检测结果	
	检测情况	参数说明
主题	有 / 是 /14<80	有无 / 是否定制 / 字符数比较建议值
关键词	有 / 是 /0.3%	有无 / 是否定制 / 合格率

检测项	检测结果	
	检测情况	参数说明
描述	有 / 是 /79<200	有无 / 是否定制 / 字符数比较建议值
死链接处理	有 / 由替代页跳转到其他相关页面	有无处理 / 处理形式
未显示图片处理	无 /—	有无处理 / 处理形式
常见问题解答	无 /—/—	有无 / 形式 / 效果
客服系统	无 /—/—	有无 / 形式 / 效果
在线用户反馈	有 / 编辑信箱、投诉留言板 / 良好	有无 / 形式 / 效果
最短路径	3	点击层数

根据表 5-3 雅昌艺术网其他优化措施检测结果显示，链接和图片报错存在处理机制，在线帮助缺失，这些虽然是用户体验过程中的细节问题，但对全面要求较高的大型门户网站来说，其也是不容忽视的问题。

2. deviantART

（1）现状概述

2000 年 8 月 7 日，deviantART 成立于美国加州好莱坞，其初衷是为了全世界的艺术爱好者更好地展示和交流。每天约有 150 万人次的访问量，3500 万网页被访问。据 2008 年 5 月的统计，约有 1300 万注册会员和 6200 万件艺术品。经历了 6 次改版之后，目前已发展成为有相当规模的国际艺术在线社区。

网站艺术作品门类主要有：摄影、传统艺术、数字艺术、程序接口、文学。网站结构主要有导航、艺术品分类和作品展示三块。空间及交流有"个人主页"。功能和特色业务主要有：个性化个人空间、导航定制、专题论坛等。

deviantART 最初是自发组织、完全免费的，发展到后来的"点击广告收益＋会员收费＋在线销售提成"，从而实现盈利和服务互利互易。

（2）视觉元素分析

deviantART 各级页面视觉元素分析概况如表 5-4 所示。

表 5-4　deviantART 各级页面视觉元素分析

检测项	检测对象			
	主页	作品分类页	作品页	商店
主题	艺术社区（功能型）	—	—	—
风格	现代、实用	—	—	—
主题元素、作品名称、图标、页面背景	左导航	左导航	右导航	左导航
	作品名称	—	作品名称	—
	图标	图标	图标	—
	页面背景	页面背景	页面背景	—
排版　页宽（像素）	1005	1005	1005	1005
版式	简洁	简洁	简洁	简洁
版面布局	上中（左右）下	上中（左右）下	上中（左右）下	上中（左右）下

分析结果：网页所用色调、版面布局和网页风格很好地契合了网站主题，且全站在用色和布局上都达到了高度统一，总体情况良好。

（3）信息架构分析

deviantART 的主页结构示意图如图 5-2 所示。

网站标识	搜索／登录	注册	
导航	高级搜索		
	作品展示		广告
作品分类列表			
推荐商品	作品展示		
	作品推荐区（最新／最受欢迎／每天）		
社区新闻	投票情况		会员推荐
	网站联系方式／声明／版权信息		

图 5-2　deviantART 主页结构示意图

分析结果：页面采用左导航的布局，主要栏目和所有作品分类采用栏目树形式位于页面左侧，各分类的内容均显示在右侧的内容主区，网页操作更像程序。其余推荐和相关信息被安排在左下和底部位置，使整个网页的重要区域都用以展示作品，更好地突出主题。主页布局情况良好。

此外，deviantART 的整站信息架构如表 5-5 所示。

表 5-5　deviantART 整站信息架构

检测项	检测结果	
	检测情况	参数说明
子网	—/—	数目 / 概述
区域网	—/—	数目 / 概述
外文版	无 /—/—	有无 / 语言 / 是否为简单翻译版
栏目设置	应用需求 + 作品分类 /9 个 / 全面 / 清晰无交叉	分类依据 / 栏目数 / 整体全面 / 分类有无交叉
面包屑导航	You are viewing Newest	形式举例
站内搜索	支持检索条件（时间）控制	特色
网站地图	—/—	覆盖度 / 清晰度
特色应用	Slideshow/ 图片幻灯片式播放 Take the tour/ 网站使用演示视频	名称 / 概述
网站内容	准确 / 原创 / 更新及时	准确性 / 来源 / 时效性
死链接 / 链接总数	11/217	主页
	11/211	搜索页
	5/211	信息页
	3/216	功能页
友情链接	—/—	个数 / 分类
页面间链接	良好 / 良好 / 良好	相关性 / 连续性 / 完整性
分析结果	网站拓扑广泛性	一般
	栏目设置全面性、无交叉	良好
	各级页面间链接、搜索导航机制	良好
	链接和正文有效性	良好
	页面布局技术	过渡

（4）其他优化措施检测

deviantART 其他优化措施检测结果如表 5-6 所示。

表 5-6　deviantART 其他优化措施检测

检测项	检测结果	
	检测情况	参数说明
主题	有 / 是 /40<80	有无 / 是否定制 / 字符数比较建议值
关键词	有 / 否 /0.7%	有无 / 是否定制 / 合格率
描述	有 / 否 /156<200	有无 / 是否定制 / 字符数比较建议值
死链接处理	是 / 替代页面	是否处理 / 处理形式

续表

检测项	检测结果	
	检测情况	参数说明
未显示图片处理	是／替代图片	是否处理／处理形式
常见问题解答	有／分类解答／良好	有无／形式／效果
客服系统	无／—／—	有无／形式／效果
在线用户反馈	无／—／—	有无／形式／效果
最短路径	3	点击层数

由表 5-8 可见，deviantART 的客服和反馈机制和雅昌艺术网一样存在缺失，但其链接和图片已采取出错处理措施。

（5）雅昌艺术网与 deviantART 的对比分析

我们对两个案例分别从网站概况、各级代表页面的视觉设计、网站框架、网站优化方面进行了列表对比，现对以上结果进行分析。

网站视觉设计：针对不同的网站主题，雅昌艺术网和 deviantART 在网站风格上定位比较准确，且全站在色彩使用、页面布局、主题元素使用等方面保持了高度统一，此项 deviantART 略胜一筹。

网站框架：两个案例在子网建设、地方站、栏目设置方面规划较好，很少出现信息分类不清或重复现象。

网站优化：两个案例在网站优化方面还处在刚起步的阶段，雅昌艺术网各级代表页面关键词布局基本完整，deviantART 各级页面关键词虽然完整，但是极其粗糙，表现为各级页面使用同一串关键词组，明显没有经过筛选、定夺，根本不能有效传递页面信息。两个网站主页关键词合格率的对比情况如表 5-7 所示。

表 5-7　主页核心关键词密度合格情况对比

案例	核心关键字数（个）	合格数（个）	合格率
雅昌艺术网	33	1	3%
deviantART	14	1	7%

由上表可知，两个网站主页关键词合格率远远没有达到一般水平。分析原因，在网站建设时，规划过于敷衍，只是简单做了一些字词堆砌，对于关键词的选择、定夺、布局缺少考虑。据数据分析可知，两个案例关键词优化工作还处在起步阶段，优化手段过于形式化，要实现优化合格还有很多工作要做。

由案例分析可知，雅昌艺术网和 deviantART 网站规模较大，内容更新和维护工作量较大，单纯靠人工完成已不现实，建议把 <meta> 标签归入后台管理范畴，其生成内容动态提取数据库信息（前提是总库中存在所需信息），在数据录入时要考虑信息完整性、个性化、准确性，各级页面关键词选择应遵循适当的原则。仅 <meta> 标签这一优化检测指标都要求前台设计、后台设计、内容维护多方通力配合才得以实现，由此可见，网站优化是一项综合性极强的工作。

3. 中国艺苑网

（1）现状概述

中国艺苑网由中国艺苑集团在 2000 年 8 月创办，是香港首家以书画艺术为主要依托，集资讯、学术、教育和娱乐为一体的大型专业网站，设有简体中文、繁体中文、英文三个版本，栏目分为艺术视野、艺术家网域、艺术市场、艺术生活和艺术库存等综合板块，涉及艺术新闻、人物评价、艺术品收藏与拍卖、图书出版、艺术史与艺术理论、生活休闲、艺术教育、艺术政策法规等领域。中国艺苑网具有内容涉猎范围广、图文并茂、藏品丰富等特点，从建立之初就深受海内外众多知名美术家的信赖与支持，也是黄永玉、李明久、吴冠中等众多知名画家特约委托的网上书画拍卖平台。

2000 年 2 月 28 日，中国艺苑网启动"网上艺术大学"开发西部远程教育。中国艺苑网依托中国艺苑集团所具备的文艺资源和操作经验，联合西安美术学院雄厚的师资力量，保证了"网上艺术大学"开发西部远程教育的实施。2000 年 6 月，中国艺苑集团与北京红场秀文化发展有限公司合办了"中国艺苑名家作品大展"，同时与河北教育出版社合作出版了"中国书法名家全集"大型丛书，受到国家领导人、美术界人士、知名报刊媒体的高度关注，为艺术作品艺术性与商品性结合、推入市场做出巨大贡献。自 2000 年 8 月成立以来，中国艺苑网以弘扬中国传统文化，推介艺术人才，加强与内地文化交流为宗旨，开办了网上艺术教育、艺术品交流拍卖、促进艺术交流等项目。2002 年 3 月，中国艺苑网创建人萧晖荣发表了题为《中国加入世贸组织后文化产业展望》的演讲，演讲结合中国艺苑集团和中国艺苑网的创建实践，通过文化产业、经济全球化、网络技术和中国品牌等论题，阐述了中国文化产业未来的发展设想和势头，为新形势下文化的发展方向和方式做出了积极探索。

从以上材料分析得知中国艺苑网自身发展定位较高和开始发展势头良好，网站自建立之初至今已取得很大成就。从现今网站收录和排名来看，中国艺苑网运营状态并不好，根据有关学者浏览网站的体验和工具的检测可以发现以下具体问题：栏目设置涉及面过于宽泛，能做到包罗万象对门户网站来说至关重要，因为网站内容关乎着网站流量，但这也是对网站拥有强有力的运营支持队伍来说的，一般中小规模网站服务范围不应过于广泛，这样不仅耗费大量的人力和资金，运营不善则会造成较差的用户体验，也不利于以后网站改良，可以说得不偿失。该网站更新缓慢，数月才有一条新增数据，在浏览过程中经常出现报错现象，就连香港地域站的 URL 都已经失效。

网站质量不但会影响到用户满意度，也会影响到网站在搜索引擎中的重要等级。根据搜索引擎的工作原理，网络蜘蛛按一定时间周期爬行收录新添加的网页。更新缓慢的网站，被收录量相对减少，用户点击量减少，反向链接数减少，这些都会降低网站在搜索引擎中的排名，最终影响网站营销的效果。

（2）视觉元素分析

中国艺苑网各级页面视觉元素分析如表 5-8 所示。

表 5-8　中国艺苑网各级页面视觉元素分析

检测项	检测对象			
	主页	频道页（艺术市场）	栏目页（新闻）	信息页
主题	专业艺术机构网	—	—	—
风格	古朴	—	—	—
主题元素、区块边框线	栏目标题及其背景色	栏目标题及其背景色	导航项标题及其背景色	段落起始标记
	区块边框线	—		
排版	页宽（像素）	800	800	765	765
	版式	紧凑	紧凑	紧凑	松散
版面布局	上中（右左）下	上中（左右）下	上中（右左）下	上中下

分析结果：网页所用色调、版面布局和网页风格没有很好地契合网站主题，且全站在用色和布局上不够统一，总体水平一般。

（3）信息架构分析

中国艺苑网主页结构示意图如图 5-3 所示。

网站标识	广告条		
导航条			
展讯 / 展区推荐			登录区
艺术视野	新闻快递		每月推荐（艺术家）
艺术市场	艺术家网域		专栏推荐
艺术生活	艺术库存	艺术家	友情链接
艺术摄影			
版权 / 备案信息			

图 5-3　中国艺苑网主页结构示意图

分析结果：整个页面采取左右布局，左边主区上下横栏之间用通栏 Flash 广告条隔开。每个横栏有一或两个栏目，整体条理清晰。但版面设计由于边框线样式等细节问题没有处理好，页面显得粗糙不够专业。主页版面布局水平一般。

此外，中国艺苑网的整站信息架构如表 5-9 所示。

表 5-9　中国艺苑网整站信息架构

检测项	检测结果	
	检测情况	参数说明
子网	无 /—	数目 / 概述
区域网	1 个 / 香港站	数目 / 概述
外文版	有 / 英文版 / 否	有无 / 语言 / 是否为简单翻译版
栏目设置	应用需求 /9 个 / 相对全面 / 清晰无交叉	分类依据 / 栏目数 / 整体全面 / 分类有无交叉
面包屑导航	首页 > 艺术库存 > 国画 > 隋唐五代的人物	形式举例
站内搜索	视野搜索，支持检索条件（信息分类、日期）控制	特色
网站地图	—/—	覆盖度 / 清晰度
特色应用	艺术库存 / 在线简易教程艺术教育 / 高校开设课程	名称 / 概述
网站内容	准确 / 原创 / 更新缓慢	准确性 / 来源 / 时效性
死链接 / 链接总数	6/84	主页
	1/64	频道页
	10/343	栏目页
	0/9	信息页
友情链接	10 个 / 资讯、高校	个数 / 分类
页面间链接	良好 / 较差 / 较差	相关性 / 连续性 / 完整性
其他	栏目页信息列表过长，建议减少每页显示信息条数，添加站内搜索	
分析结果	网站拓扑广泛性	一般
	栏目设置全面性、无交叉	良好
	各级页面间链接、搜索导航机制	一般
	链接和正文有效性	良好
	页面布局技术	较差

（4）其他优化措施检测

"中国艺苑网"其他优化措施检测如表 5-10 所示。

表 5-10　中国艺苑网其他优化措施检测

检测项	检测结果	
	检测情况	参数说明
主题	有 / 是 /9<80	有无 / 是否定制 / 字符数比较建议值
关键词	无 /—/—	有无 / 是否定制 / 合格率
描述	无 /—/—	有无 / 是否定制 / 是否合理
死链接处理	无 /—	有无处理 / 处理形式
未显示图片处理	无 /—	有无处理 / 处理形式
常见问题解答	无 /—/—	有无 / 形式 / 效果
客服系统	无 /—/—	有无 / 形式 / 效果
在线用户反馈	无 /—/—	有无 / 形式 / 效果
最短路径	3	点击层数

由表 5-13 的检测结果可知，中国艺苑网页面信息、链接 / 图片出错处理机制、客服和反馈均存在缺失，建议根据需要补充完善。

（5）个性优化

任何一类网站都有区别于其他行业的特点，艺术类网站亦是如此。一般说来，艺术类网站为传达一定的艺术理念，对网页设计视觉效果要求比普通网站要高很多。另外，这类网站内容本身也多为艺术作品信息。可见，为更好展示此类信息，多媒体的大量使用是艺术类网站不可避免的问题。

多媒体有集成、交互、直观形象和娱乐性等特点，表现形式也多种多样，网络上一般常见的格式有图形图像、音频视频和各种程序插件，多媒体技术发展已带领网络浏览进入"读图时代"。但是，多媒体技术在取得成就的同时也存在一些问题，如对运行环境设备要求较高、市场原因造成支持技术混乱等。

新技术在原来的基础上，摒弃了一些纯粹显示样式效果的标记，并新增了富有语义性的许多新标签和属性，其中音频 <audio>、视频 <video> 和画布 <canvas> 等标签的面世，将有望完全摆脱插件直接向网页嵌入视频、音频文件，借助脚本在页面上轻松自如地绘画。

在原有基础上改良后推出的新技术，在很大程度上解决了标签滥用、页面编写难度较大、代码搜索引擎不友好等问题，而艺术类网站更迫切期待这些问题得到解决，从而使艺术学科在网络上获得更大的发展空间。

（6）雅昌艺术网与中国艺苑网的对比分析

前面对国内两个案例分别从网站概况、各级代表页面的视觉元素、网站框架、网站优化方面进行了列表对比，现对以上结果进行分析。

网站视觉元素：雅昌艺术网在网站风格上定位比较精准，且全站在色彩使用、页面布局、主题元素使用等方面保持了高度统一，很好地契合了网站主题。

中国艺苑网在页面设计上还存在很多不足之处，精美和专业方面还有待提高。

网站框架：两个案例在子网建设、地方站、栏目设置方面做得较好，很少出现信息分类不清或重复现象。但中国艺苑网的丰富性稍逊一筹。

网站优化：雅昌艺术网在网站优化方面还处在刚起步的阶端，各级代表页面关键词布局基本完整，但合格率较低，其他优化措施相对缺失，而中国艺苑网基本不存在任何优化措施。

两个网站主页核心关键词合格率的情况对比如表 5-11 所示。

表 5-11　主页核心关键词合格率情况对比

案例	核心关键词数（个）	合格数（个）	合格率
雅昌艺术网	33	1	3%
中国艺苑网	—	—	—

由上表可知，两个网站主页关键词合格率远远没有达到一般水平。分析原因，雅昌艺术网的关键词规划过于敷衍，只是简单做了一些字词堆砌，对于关键词的选择、定夺、布局缺少考虑。中国艺苑网还没有关键词优化的意识，连最关键的 <meta> 标签都存在缺失。

据数据分析可知，这里选取的两个案例其关键词优化还处在起步阶段，优化手段十分形式化，实现优化合格还有很大差距。

二、美术画廊、美术馆

（一）荣宝斋

荣宝斋前身是"松竹斋"，始建于清康熙十一年（1672 年），1894 年开设分号荣宝斋，取"以文会友，荣名为宝"的雅意而得名，至今 300 余年。1950 年公私合营，"荣宝斋新记"挂牌。1952 年，荣宝斋成为国有企业，并以郭沫若题词墨迹"荣宝斋"为标准商号字样沿用至今。

在中华老字号企业创新转型的关键时期，荣宝斋"文化＋"战略的成功实施，无疑为人们提供了新视角、新思路和新方向。面对全新的文化发展语境，老字号企业要在明确自身特色的基础上，加强资源整合优化，以文化经营为根本，以文化传承为诉求，从金融、贸易、平台、公益等维度入手，寻求中华文化市场价值生成的契合点，在全面推进结构升级与转型的基础上，打造独具特色的中华文化时代名片。只有如此，我们才能不断拓展老字号企业的文化发展空间，才能推动老字号企业文化品牌的可持续发展。

（二）中国美术馆

中国美术馆是以收藏、保存、研究、展示 20 世纪以来中国美术作品为重点的国家级艺术博物馆，是新中国重要的文化标志性建筑，于 1963 年开始对公众开放，毛泽东主席亲笔题写了馆名。

在新的文化发展条件下，中国美术馆坚持以人民为中心的文化发展理念，在提高公共文化服务水平和美术馆专业建设水平上探索创新，努力营造美术馆文化家园，在提供优质展览内容的同时，实施丰富多彩的公共教育活动，开展全面的专业建设，培养新型美术馆人才队伍，提高其服务社会的能力。

三、美术类出版社

（一）美术类出版社和图书出版概况

当前全国有多家美术类出版社，其中包括人民美术出版社、河北美术出版社等。这些美术出版社在各个历史时期为我国公共文化服务供给都做出了一定的贡献。随着文化体制改革的持续深入，除极少数政治性强、公益性强的出版社外，一般的出版社逐步转型成为经营性出版社，成为独立法人，参与到市场竞争中，自负盈亏。但由于我国出版业的特殊性，经营性出版社在经营管理中要以社会效益为优先，要承担一定的公共服务责任。

（二）美术类出版社与其他专业出版社的区别

第一，出书门类不同。美术类出版社主要编辑出版美术类图书，如画册、美术技法、连环画等，而其他专业出版社，如科技出版社主要出版工业、农业、医疗卫生等科技类的图书，教育出版社主要出版语文、数学、英语等中小学教材图书，以及教育类书刊等，经济出版社主要出版大众经济类、经济理论类、营销广告类等图书。出书门类不同，决定了各类专业出版社参与地方公共文化服务供给的范围和服务对象不同。

第二，专业领域不同。由于专业出版社都有自己的重点研究领域，因此，无论是在出版社编辑队伍的专业水平上，还是在作者群体的研究领域上，都会有明显的不同。在出版的公益图书方面，各专业出版社所代表的科学性、权威性就不一样，不同的专业出版社对于社会的不同领域、不同行业的推动作用也是不一样的，这也就决定了其对地方公共文化服务供给的完善所起的作用是有区别的。

（三）国内典型的美术类出版社

1. 广东岭南美术出版社

广东岭南美术出版社有限责任公司原名广东岭南美术出版社，于 1981 年创办，原为事业单位，于 2010 年 7 月成功改制为有限责任公司，国有独资，注册资本 3000 万元，由广东省文学艺术界联合会主管。它是广东省内的一家美术专业出版社，主要编辑出版美术图书，如画册、美术理论、美术技法、连环画等，以及美术基础教育图书，如中小学美术、小学软硬笔书法等，年营业额约 2 亿元。

2. 湖南美术出版社

湖南美术出版社成立于 1980 年 5 月，是致力于美术学科各门类图书出版的专业出版社。该出版社在艺术品经营与研究等方面有良好的资源，提出要像艺术经纪人那样服务于艺术家。其经营范围包括出版、展览、作品推广、做衍生品等。该出版社旗下有北京圣之空间文化有限公司、长沙美仑美术馆等。

四、艺术品拍卖网站

（一）艺术品拍卖网站概述

网上拍卖在国内外发展得都十分迅速。目前，世界市场上拥有的竞价网站有很多，类型也很多，大至建筑、机器、厂房等的拍卖，小至二手生活用品的拍卖。国内也有不少拍卖网站，如拍拍网、淘宝拍卖、易趣网等。

艺术品拍卖网络传播的受众是网络传播和艺术品收藏的交集。如同网络购物一样，在网上竞拍收藏品的人需要具备较强的接受新鲜事物的能力，而且，鉴于购买的是艺术品，或由于对艺术品有浓厚兴趣，也可能是直接对艺术品进行投资。因此，网站的受众应该是对艺术品收藏具有浓厚兴趣的行家或投资者。

（二）国内典型的艺术品拍卖网站

1. 北京翰海拍卖有限公司

北京翰海拍卖有限公司（以下简称"翰海"）于 1994 年 1 月成立，面对中国拍卖市场的初兴，翰海系统地建立专业权威的鉴审机制，确定精、珍、稀的拍品征集理念以及"公平、公正、公开"的拍卖原则。

翰海是首批获准拍卖一、二、三类文物的拍卖企业。其业务范围包括历代名人书画、金石陶瓷、金铜佛像、珠宝玉翠、竹木牙角、油画雕塑、明清家具等。20世纪90年代后期，翰海即开始将征集渠道扩展到全球，促成海外文物高流量回归，卓具名誉地为更多地域的国际艺术品交易搭建了平台。

翰海先后举办40余届大型文物艺术品拍卖会，拍卖品超过10万件，总成交额逾60亿元人民币，并屡创中国艺术品的拍卖纪录。

2. 中国嘉德国际拍卖有限公司

中国嘉德国际拍卖有限公司（以下简称"嘉德"）成立于1993年5月，是以经营中国文物艺术品为主的综合拍卖公司。从1993年成立至今，嘉德的成长伴随着中国拍卖市场的成长，成为其中很重要的一部分。2014年，嘉德春秋拍成交额近40亿元，其中在春拍中取得了总成交额22.5亿元的佳绩，"通钵堂藏画"专场等四大专场100%成交。经过数年的发展，嘉德的"大观之夜"专场，囊括从古至今的重要中国书画作品，在中国文物艺术品市场中，已经形成了强大的品牌效应，成为中国高端艺术品拍卖市场的风向标。2001年、2003年，嘉德连续荣获同业最高资质"中国拍卖AAA级企业"称号。

嘉德常设文物艺术品拍卖项目，各项目不断打破区域性及世界性艺术品拍卖成交最高价的纪录，诸多国宝级珍品亦通过嘉德的努力，或从海外回归大陆，或从民间流向重点收藏机构。

第六章 音乐文献信息的检索

音乐文献检索是新媒体时代发掘与利用音乐文献的主要方式之一，其凭借方便快捷、信息量大的优点为音乐学术研究提供了便利。但在音乐文献检索过程中，仍存在效率不高、检索方式不规范等问题，使音乐学科建设、音乐学研究中的文献利用率难以得到保障。为此，我们需对音乐文献的检索展开具体研究，确保音乐文献检索的高效性。本章分为音乐文献检索概述、器乐作品文献信息检索、声乐作品文献信息检索三部分。本章主要内容包括音乐文献检索的释义与应用、音乐文献检索的学术意义等方面。

第一节 音乐文献检索概述

一、音乐文献检索的释义与应用

（一）音乐文献检索的释义

文献资料在整理后会成为信息载体，音乐文献主要是指用于记录音乐知识、音乐技能、音乐学相关知识的信息载体，其检索的核心在于，根据音乐教学、音乐史等研究的需求，从音乐文献数据库内提取音乐活动所需的信息资源。在音乐文献检索过程中，具体检索内容包括音乐作品、音乐家、音乐艺术风格、音乐相关声像资料信息等。

（二）音乐文献检索的应用

在音乐发展历程中，音乐知识信息资料不断累积，并且在大量知识信息分类存储过程中，有着不可替代的利用价值。在此背景下，音乐文献检索成为获取音乐知识、节约音乐信息资源的重要手段。而在利用音乐文献检索满足文献运用需求的同时，随着经验的积累，音乐文献检索工作历经多个时期，具体体现在文献检索形式的改变上。起初，原有的音乐文献检索主要集中于文献资料阅读方面，用户可直接到文献收集单位、图书馆中检索音乐文献，查找自身所需的音乐资料。

后来，随着社会经济的发展，音乐文献的存储方式发生改变，互联网、信息技术的产生使音乐文献检索方式从单一的线下查阅，延伸至计算机、音乐光盘的应用中，音乐文献检索渠道多样化。如今，音乐文献检索可直接在统一的音乐数据库内实现，且文献检索范围不断扩大，用户可直接在网络的支持下跨区域、跨国界地查找音乐文献资料。

音乐文献检索的具体应用主要体现在音乐文献的发掘整理、音乐研究工作等方面，具体如下。

其一，在音乐文献发掘整理的过程中，研究者可通过音乐文献检索获取丰富的音乐信息资源，如从图书馆、档案馆以及电子文献数据库中搜索音乐文献资料。

其二，在音乐研究工作中，研究者通过音乐文献检索，能够从文献资料库内查找到更多的资料信息，为音乐研究中的论点提供更为可靠的依据。

其三，在音乐学科教研工作中，新文献、新音乐课题的产生使有关音乐文献的新观点不断增加。教师在教研工作实践中，可借助音乐文献检索查找最新的音乐学科相关资料，合理地在教学实践、教学研究中应用前沿音乐信息资源，提升我国的音乐教研水平。

二、文献数据库与音乐文献的检索方法

（一）文献数据库的分类

文献数据库有不同的分类依据，其分类情况会有明显的差异。

根据信息记录内容，可将文献数据库分为文献型数据库、数值型数据库、事实型数据库等类型。其中，文献型数据库是利用自然语言对信息进行存储与检索的一类文献数据库，具体包括书目文献、题录文献、原始文献等；数值型数据库使用数字、字母为表达方式存储文献；事实型数据库则涵盖大量专业数据、专业术语。

根据信息存储介质，文献数据库可分为光盘数据库、多媒体数据库和磁介质数据库。多媒体数据库由图形信息、文字信息、动画视频、声像等介质融合构成，是利用多媒体平台管理、应用文献的一种方式。在音乐文献数据库中，

磁介质数据库的文献类型多为音乐磁带、音乐磁盘等，光盘数据库则以 CD、DVD 为主。

根据信息记录方法，文献数据库可分为语音型数据库、影像型数据库和文字型数据库。

（二）文献数据库中的音乐文献

文献数据库中的音乐文献可根据音乐资料内容范畴、特征分为音乐文字、音响与视频、乐谱、音乐图像、音乐文物等文献类型，由于文献数据库内音乐文献类别不同，可检索出的内容会有明显区别。

第一，音乐文字文献。数据库内的音乐文字文献包括音乐期刊、报纸，以及音乐教科书、论文集、音乐工具书、音乐资料汇编等。

第二，音响与视频文献。该类音乐文献主要是音乐录像、音乐磁带、音乐电影、音乐幻灯片、音乐唱片等文献资料。

第三，乐谱文献。乐谱属于印刷型音乐文献，其在音乐资料中的利用价值突出，是记录音乐作品最基本的方式。乐谱记录的符号从原有的文字转变为特定符号，并已经形成音乐信息记录机制。优秀、经典的音乐作品均以乐谱信息方式存储于音乐文献数据库内。

第四，音乐图像文献。在音乐文献数据库中，音乐图像是除文字、符号记录之外的一种音乐资料形式，具体文献内容包括音乐家、音乐文物、乐器、乐舞图片等。

第五，音乐文物文献。此类音乐文献由中外乐器、出土乐器文物资料组成。数据库在存储乐器、音乐用品资料，提供文献资料检索服务的基础上，更重视资料的收藏与研究价值。

（三）音乐文献的检索方法

音乐文献检索效率、检索内容的完整性直接影响音乐研究水平和音乐文献学学科建设水平。为此，相关人员应在音乐文献检索研究中，重视对音乐文献检索方法的分析。具体来说，音乐检索可分为手动检索、自动化检索等类型。

1. 手动检索

音乐文献的手动检索通常以印刷型音乐工具书为检索工具，通过浏览、手动翻阅的方式查阅文献，从而有序地完成音乐文献的检索工作。在手动检索过程中，用户可利用的检索工具包括独立成册的书本、图书馆中音乐文献资料的目录、音乐期刊、音乐百科全书以及检索前期需要使用的检索手册、文献年鉴等。

手动检索是在音乐文献检索者与文献检索工具直接接触后实现的，通常无须利用辅助性设备，检索者只需掌握文献检索思路、基本音乐知识即可。

在音乐文献检索的发展历程中，手动检索曾是音乐文献检索的主要手段，具有直观、灵活、投入成本低等优势，但相对于自动化检索，手动检索也有检索速度慢、检索效率不高等劣势。在手动检索中，根据手动检索路径，可进一步将其划分为直接检索法和间接检索法两大类。

一是直接检索法。对于检索内容较少、所涉及音乐专业面较窄的检索工作，通常在检索时无法利用工具书，用户可按照检索内容、文献检索要求，直接查找相关音乐文献。因此，这种检索方式虽然可直接从原始音乐文献资料中获取信息，但是用户还需在检索前期深入分析研究课题，准确划定检索范围、制定细致的检索方案，才能发挥直接检索法的实践价值，快速检索出内容相符的音乐资料。

二是间接检索法。其主要是指用户借助某一参考工具、检索线索、检索工具，有针对性地查找音乐文献的一种检索方法。由于此种检索方法准确率较高，且耗时短、针对性强，因此在手动检索中较为常用。但这种方法在检索时无法确保文献信息的新颖性，容易因检索工具内文献资料排版、编辑的滞后影响文献检索质量。

2. 自动化检索

自动化检索以音乐数据库、电子计算机、互联网平台、音乐光盘为检索工具，在各类音乐磁带与光盘存储中加以应用的数字化、机械化的音乐文献检索方法。自动化检索通常建立在软件、硬件设施基础上，具有音乐资料信息量大、文献检索效率高、音乐文献数据库范围广、音乐检索功能多样等优点，甚至能够实现音乐文献的远程检索。自动化检索给音乐文献的检索模式带来了创新，改变了传统音乐文献检索流程，具体检索手段如下。

一是计算机检索。用户可应用电子计算机检索音乐文献，其实质为机器检索，在检索前，计算机可对大量音乐信息资料进行分类、存储、加工处理，再将其汇总到音乐文献数据库内。随后按照计算机音乐文献检索功能，根据音乐文献检索需求，通过提问式、关键词输入式的检索步骤，检索出满足要求的音乐信息资料。在自动化检索方法中，计算机检索具有检索速度快、人力投入小、检索途径多、检索范围广、检索内容丰富等优势。

二是联机检索。用户在通信网络、移动终端的支持下，可直接访问检索系统完成音乐文献检索任务。这种检索方式主要应用于音乐信息资源、音乐文献的远程分享等方面。在检索过程中，用户可与检索系统建立交互通道，系统可根据用户输入的指令实时完成音乐文献检索。联机检索具有不受地域限制、检索灵活等特点，但对检索技术设施、检索费用有一定要求。

三是光盘检索。光盘检索的检索工具为音乐光盘，用户可利用音乐光盘的播放、呈现技术，查询光盘内的音乐信息。在音乐文献检索史上，光盘检索诞生于 20 世纪 80 年代，其在音乐检索需求的不断发展中，检索功能持续完善，目前已经具有联机检索提前处理、回溯检索内容、重组音乐文献检索信息、获取音乐文献资料等功能。

光盘检索在自动化检索手段中，可作为新型检索机制，通过改变音乐文献检索环境、检索方式等路径支撑音乐文献检索工作，同时与计算机检索、联机检索相辅相成，对健全我国音乐文献检索体系意义重大。

因此，在检索音乐文献时，用户可充分了解不同检索方法的优势以及局限性，灵活选择检索方法，确保音乐文献采集、查找的有效性。

三、音乐文献检索的学术意义

（一）音乐文献发掘利用的意义

发掘、利用音乐文献的目的是，在音乐作品、音乐曲目研究中，按照所检索出的音乐文献资料，修正、完善现有的音乐学术成果。如在音乐学研究中，在确定研究专题后，可在进行音乐文献检索时筛选出可辅助论文编写的研究资料，使研究人员在学术含量较高的音乐文献的基础上，更为深入地探讨音乐研究中的论点。

（二）音乐文献学学科建设的意义

音乐文献学学科建设通常需要在完善的知识系统支持下实现。而音乐文献检索可通过音乐文献在知识信息、物质形态方面的阐释，使学科建设者理解音乐文献的内涵。同时，研究者可以在正确、有效的音乐文献检索中丰富音乐文献的学科知识内容，并准确推演音乐文献学学科建设的逻辑顺序，从根本上解决文献信息教学、学科校验中的文献需求问题。

（三）音乐史研究的意义

在音乐史研究工作中，音乐文献检索可为研究人员提供具有参考价值的文献资料，同时确保音乐文献信息资料查找、提取的完整性。如在西方音乐学的学术研究中，音乐文献检索出的论文著作、音乐作品背景、音乐流派等资料，会涉及贝多芬等多位音乐家的作品知识、音乐艺术风格的相关信息，便于研究人员从全局角度出发，系统地掌握音乐历史演进过程，从而在音乐史研究中根据学术性较强的音乐史论述音乐发展史。因此，在音乐史研究中，音乐文献检索可作为音乐历史研究的文献依据，为研究人员提供系统、真实、高参考价值的音乐资料。

第二节　器乐作品文献信息检索

一、器乐作品的概念

器乐，即用乐器演奏的音乐，区别于声乐，是指完全使用乐器，处于附属地位的音乐。世界上乐器多种多样，除了众所周知的西洋交响乐中的弦乐器、木管乐器、铜管乐器外，还有我国的民间传统乐器，如二胡、琵琶、古筝等，以及世界上各个地区的民族乐器。

器乐作品是指专门由作曲家为乐器谱写的音乐，其运用器乐来展现作曲家的乐思。器乐曲在很早以前就有出现，《碣石调·幽兰》是我国可考证的最古老的器乐古琴曲，相传为孔子所作。真正意义上的近代交响器乐作品是由黄自先生谱写的《怀旧》。西方最早的真正意义上的器乐作品出现在文艺复兴时期。器乐作品从体裁上自文艺复兴以来得到了不断的发展和创新，其种类多样不胜枚举，代表性的体裁主要有交响曲、奏鸣曲、赋格、圆舞曲、小步舞曲、组曲、即兴曲等。器乐的演奏形式多种多样，包括独奏、重奏、协奏、合奏等。

二、器乐作品的艺术特征

（一）旋律特征

器乐作品的旋律同声乐作品的旋律有很大不同，这种不同主要表现在器乐作品中所用的乐器多种多样，许多乐器演奏灵变，富于炫技，所以器乐的旋律跌宕起伏，灵活多样。器乐作品与声乐作品亦有共同之处，其主要体现在弦乐和管乐中，时常有极富歌唱性的主题或悠扬抒情的片段。

音乐旋律对器乐作品尤为重要，它在器乐创作中承担了乐思的载体功能，使听众能直接感受到的音乐构成。器乐作品的旋律变化多样，很少受到约束，其可以通过级进、跳进、大小音程、增减音程等展现而且并不影响听觉美感。

音符单位小至六十四分音符、大至全音符,速度可以快至急速,可以慢至缓慢速。器乐作品在音响处理中旋律几乎是自由的。

（二）节奏特征

在节奏方面,器乐与声乐有很大不同。器乐作品由于乐器的灵活性,节奏复杂多变,其中包含了复合节奏、交错节拍、高密度的密集节奏型和高频率的变拍子等复杂节奏。这彰显出器乐的独特优势。

由此可见,器乐作品在节奏类型上运用广泛,并且没有局限,对音乐形象的表现自然也更加生动形象。

（三）织体特征

在音乐织体方面,器乐作品丰富而完美的织体运用于声乐作品之后,后者的艺术效果得到了显著的增强,这足以说明器乐作品织体的优势,也证明了器乐作品声乐化改编的重大意义。

织体是音乐的表现手段中最具整体性的基本要素。它们各司其职,都为其音乐主题服务,使音乐作品中纵横交错的多维音乐声部杂而不乱,让音乐更具有整体性和饱满感。另外,织体还是作曲家音乐创作风格的重要体现。

器乐作品的织体类型多样,有单声织体、复调织体和和声织体等,每一种都运用广泛并且内容丰富。

（四）调式调性特征

器乐作品广泛运用移调、转调等音乐处理手法,使音乐展示出丰富的色彩,声乐作品对这种手法运用相对较少。改编之后,多样的调性对比丰富了声乐作品的音乐风格,增加了强烈的艺术美感。

如果说旋律是音乐的外在表现,那调式调性就是音乐的内在体现。调式调性是作品风格的内部支撑之一,如大调多展现阳光、积极的内容,小调则表现阴柔、安逸或阴暗的内容。

调式调性极富变化是器乐作品的特点之一,特别是大型作品中大量运用转调、移调体现庞大的乐思,大部分的器乐作品都有转调。

（五）音区音域特征

音区音域是展现音乐作品内容和色彩的基础条件之一,不同的音区塑造不同的音乐形象和诠释不同的音乐内容,音域的宽窄程度则对音乐的张力和表现力有着重要的影响。器乐作品音域宽广,声乐作品则不然,两者的结合拓展了作品的音域范围,使音乐更有张力,对观众能产生很强的冲击和震撼力。

器乐作品的音区音域运用自由，无限制，因此，可以根据作曲家的需要任意进行选择。

由此可以看出，器乐作品的音域宽广，声乐作品音域相对狭窄。器乐作品可以根据作品表现的需要无限制地使用音域。

（六）音乐内容表达手法特征

器乐作品旨在充分发挥演奏乐器的特色，表现最生动的音乐形象，器乐作品对音乐内容的表现间接性强，意境深远，耐人寻味。器乐作品没有歌词，其完全由旋律展现内容，因此器乐曲演奏是一种抽象的表达，是"无词的歌"，能给人以丰富的想象空间。器乐作品需要完全利用旋律和音乐表情符号，通过器乐演奏，表达出作曲家所描绘的事物。所以，器乐作品需要运用大量的乐器和更多的音乐表情符号等展现作品中的内容。

如圣－桑的管弦乐组曲《动物狂欢节》运用多种乐器实现丰富多彩的器乐音响效果，用生动的手法描写了动物们在热闹的节日行列中的各种滑稽有趣的情形，如运用低音提琴表现出大象的庞大和稳重的形象，运用弦乐器的颤音来描写鸟笼中鸟儿的振翅，用钢琴来描写鸟儿的鸣叫声等。

由此可见，器乐作品对音乐的表达具有间接性和模糊性，需要人们深入体味。

三、器乐作品艺术表现的优势与局限

（一）器乐作品艺术表现的优势

器乐作品具有独特的音乐表现优势，值得声乐作品借鉴。器乐作品对音乐的表现丰富多彩，意境深远，耐人寻味。其旋律精致考究，和声织体丰富，作品结构完整，具有完整的乐思，调式调性多变。器乐作品是作曲技法精华的展现，其每一个乐句都有其丰富的意境内涵，每一个音节都影响着音乐整体走向，其作品的严谨程度要远远高于声乐作品。

如俄国作曲家穆索尔斯基所创作的《图画展览会》以器乐模仿真实形象的创作手法，描绘出了十幅栩栩如生的画卷，虽然没有歌词和真实画面，但是器乐的描绘给予人们无限的遐想，其意境深远，回味无穷。

（二）器乐作品艺术表现的局限

器乐作品局限性亦显而易见，其不能准确直白地传达音乐信息给听众，缺少歌词的描述使其音乐形象不够清晰，因此感染力不如具有歌词的声乐作品强烈。

德国作曲家亨策创作的《第九交响曲》中就以人声合唱与管弦乐交织来表现音乐内容，其生动形象地刻画出七个"政治犯"从纳粹集中营中逃跑的一路艰辛、恐怖。音乐形象在合唱队的刻画下栩栩如生，那种内心绝望和极端恐怖的气氛是单纯管弦乐队所不能表现的。

四、不同类型的器乐作品文献检索

（一）交响音乐作品

1. 交响曲

乐队合奏的形式实际从巴洛克时期就在协奏曲和组曲中得以酝酿，到 18 世纪中叶，它以"交响曲"的形式充分显示出管弦乐器合奏音色的丰富和复杂。意大利米兰的作曲家萨马丁尼是 18 世纪早期交响曲创作的代表人物，写过近百首交响曲。

进入 20 世纪以后，出现了各种现代主义音乐流派，主要有新古典主义和十二音体系等。

我国的交响曲创作出现较晚。一些经过专业训练的音乐家如肖友梅、冼星海等人，开始进行交响曲的创作尝试。后来由于战争等，交响曲在我国未能得到较好的发展，直到改革开放以后，交响曲才迎来发展的机遇。

20 世纪 80 年代以后，中国经济迅速发展，一大批有才华的年轻人开始了他们的音乐创作历程。

部分交响曲文献检索的具体内容如下。

（1）国外古典时期

①海顿：108 部交响曲。如《第九十四交响曲（惊愕）》《第一百交响曲（军队）》等。

②莫扎特：41 部交响曲。如《第三十八交响曲（布拉格）》等。

③贝多芬：9 部交响曲。如《第三交响曲（英雄）》《第五交响曲（命运）》等。

（2）国外浪漫时期

①韦伯：2 部交响曲。

②舒伯特：9 部交响曲。如《第九交响曲（伟大）》等。

③勃拉姆斯：4 部交响曲。如《c 小调第一交响曲》等。

（3）中国作品

①李焕之：《第一交响曲（英雄海岛）》。

②王云阶：《第二交响曲（抗日战争）》。

③丁善德：《长征交响曲》。

④施咏康：《第一交响曲（东方的曙光）》。

⑤陈培勋：《第二交响曲（清明祭）》。

⑥盛礼洪：《第一交响曲（海之歌）》。

2. 协奏曲

"协奏曲"一词来自意大利文，原意是"连在一起""联合"。16 世纪协奏曲多指有乐器伴奏的合唱曲，以别于无伴奏合唱。17 世纪后半叶，"协奏曲"这个词又增加了一种彼此"对抗"和"竞争"的含义，指近代协奏曲中独奏者或独奏组与乐队之间的那种对比关系。

20 世纪以后，西方现代主义音乐流派的某些协奏曲，则更显出浓缩、简短的特点，"新维也纳乐派"威伯恩以无调性的十二音序列形式写成的协奏曲，现今仍居同类型作品的首要地位。

我国的协奏曲创作和表演正日益受到广泛重视，并在新的探索中不断取得可喜成果，在音乐风格的民族化、鲜明的标题性和由此而引起的形式、结构等方面的较自由的处理，以及引入民族器乐领域和声乐领域等方面都具有自己的艺术特色。

部分协奏曲文献检索的具体内容如下。

（1）国外古典时期

①海顿：近 30 首协奏曲。如《降 E 大调小号协奏曲》等。

②莫扎特：53 首协奏曲。钢琴协奏曲 27 首，小提琴协奏曲 5 首，圆号协奏曲 4 首，双簧管协奏曲 2 首，还有小号、低音管、长笛、单簧管协奏曲等。如《F 大调第一钢琴协奏曲》。

③贝多芬：7 首协奏曲。钢琴协奏曲 5 首，小提琴协奏曲 1 首，还有钢琴、小提琴、大提琴 C 大调三重协奏曲等。如《C 大调第一钢琴协奏曲》。

④胡梅尔：《降 E 大调小号协奏曲》。

（2）国外浪漫时期

①肖邦：2 首钢琴协奏曲。《E 小调第一钢琴协奏曲》《F 小调第二钢琴协奏曲》。

②门德尔松：6 首协奏曲。如《E 小调小提琴协奏曲》。

③舒曼：3 首协奏曲。如《A 小调钢琴协奏曲》。

④李斯特：2 首钢琴协奏曲。如《第一钢琴协奏曲》。

⑤拉罗：6 首协奏曲。4 首小提琴协奏曲，1 首大提琴协奏曲，1 首钢琴协奏曲。

第二首小提琴协奏曲《西班牙交响曲》最为著名，献给小提琴家萨拉萨蒂。

⑥维尼亚夫斯基：2 首小提琴协奏曲。《D 小调第二小提琴协奏曲》《升 F 小调第一小提琴协奏曲》。

⑦圣－桑：10 首协奏曲。小提琴协奏曲 3 首，均献给西班牙小提琴家萨拉萨蒂；2 首大提琴协奏曲，5 首钢琴协奏曲。

⑧勃拉姆斯：4 首协奏曲。1 首小提琴协奏曲，2 首钢琴协奏曲，1 首小提琴与大提琴二重协奏曲。

⑨帕格尼尼：6 首小提琴协奏曲。其中《B 小调第二小提琴协奏曲》，第三乐章有模仿钟声的音响，因而又被称为《钟声协奏曲》。

⑩维厄当：7 首小提琴协奏曲、大提琴协奏曲。

（3）中国作品

①施咏康：圆号协奏曲《纪念》。

②李耀东：小提琴协奏曲《抹去吧，眼角的泪》。

③殷承宗、储望华、盛礼洪、刘庄：钢琴协奏曲《黄河》。

④刘文金：二胡协奏曲《长城随想曲》。

⑤刘敦南：钢琴协奏曲《山林》。

（二）管弦乐作品

1. 管弦乐作品概述

管弦乐发源于 16 至 17 世纪的欧洲，当时随着欧洲的声乐与器乐发展，慢慢地就形成了这种具有特色的音乐体系。在一百多年前的欧洲，管弦乐经历了几百年的发展而达到繁荣，同时随着全球化的不断发展而开始传入中国。管弦乐传入中国后是在西方影响下才在中国发展的，我国作为一个历史悠久的国家有着深厚的传统文化，所以中国当代管弦乐作品在学习西方的同时，也在不断地注入中国传统文化的因素。经过我国音乐家不断的探索与追求，中国当代的管弦乐作品更好地结合了中国的传统因素，以新的姿态发出炫目的光彩。

2. 管弦乐作品分类及文献检索

（1）交响诗

一种单乐章的管弦乐作品，音乐内容有一定的情节性、描述性，属于标题音乐范畴。李斯特首创交响诗体裁。

1）外国典型作品

①鲍罗丁：《在中亚细亚草原上》。

②穆索尔斯基：《荒山之夜》。

③西贝柳斯：《芬兰颂》。

④德彪西：《牧神午后前奏曲》。

⑤拉赫玛尼诺夫：《死之岛》。

⑥斯克里亚宾：《狂喜之诗》。

⑦格什温：《一个美国人在巴黎》。

⑧巴拉基列夫：《塔玛拉交响诗》等。

2）中国典型作品

①施咏康：《黄鹤的故事》。

②辛沪光：《嘎达梅林》。

③瞿维：《人民英雄纪念碑》。

（2）序曲

序曲是单乐章管弦乐作品，有歌剧序曲和音乐会序曲两种。

歌剧序曲：歌剧一类作品开场的音乐。早期歌剧序曲并不提示剧意，因此，序曲不一定为某剧使用，只不过是停止听众谈话并给迟到者趁此入座的一种办法。至 18 世纪下半叶，格鲁克写的序曲，材料开始取自歌剧中的一些片段，集中概括地提示出剧的大意，后来的作曲家多效此法。

音乐会序曲：取序曲之名目，实与剧目已无关系。由于专为乐会的演奏创作，故名音乐会序曲。其取材不受限制，内容较具体，有标题。古典时期的序曲多用奏鸣曲式写成。

1）外国典型作品

①奥柏：《魔鬼兄弟序曲》。

②韦伯：《自由射手》（歌剧）序曲。

③舒伯特：《罗莎蒙德序曲》。

④舒曼：《曼弗雷德序曲》。

⑤约翰·施特劳斯：《蝙蝠序曲》。

⑥埃尔加：《在伦敦城中序曲》。

⑦肖斯塔科维奇：《节日序曲》。

2）中国典型作品

①李焕之：《春节序曲》。

②朱践耳：《节日序曲》。

（3）其他管弦乐曲

此类管弦乐曲文献检索的具体内容如下。

1）外国典型作品

①巴赫：《C小调帕萨卡里亚与赋格》。

②韦伯：《邀舞》。

③约翰·施特劳斯：《雷鸣闪电波尔卡》。

④特奥多尔·米夏埃利斯：《森林中的铁匠》。

⑤艾伦贝格：《森林水车》。

⑥奥尔特：《钟表店》。

⑦德沃夏克：《斯拉夫舞曲集》。

⑧加勃里埃·玛里：《金婚式》。

⑨德彪西：《意象集》。

⑩拉威尔：《波莱罗舞曲》。

⑪斯克里亚宾：《普罗米修斯》。

⑫勋伯格：《五首管弦乐曲》。

⑬巴托克：《弦乐、打击乐和钢片琴的音乐》。

⑭埃尔加：《谜语变奏曲》。

⑮科普兰：《墨西哥沙龙》《阿巴拉契亚的春天》《林肯肖像》。

⑯柯达伊：《迦兰塔舞曲》《孔雀变奏曲》。

⑰普罗科菲耶夫：《彼得与狼》(交响童话)。

⑱法利亚：《西班牙花园之夜》《火祭舞》。

⑲里亚多夫：《魔湖》。

⑳奥涅格：《太平洋231》

2）中国典型作品

①黄自：《怀旧》。

②贺绿汀：《森吉德马》。

③葛炎：《马车》。

④程云、秦鹏章：《阿细跳月》。

⑤秦咏诚：《欢乐的草原》。

⑥吕其明：《红旗颂》。

⑦郑路、马洪业：《北京喜讯到边寨》。

（三）中国民族器乐与中国民族器乐作品

1. 中国民族器乐概述

乐器是音乐学习中经常会用到的工具，根据其用法与操作模式不同，分为吹奏、弹奏、拉奏等多种不同形式的乐器。随着东西方文化的不断交融与发展，当前大量西方乐器进入国内，其不但逐渐被国内乐器领域接受，同时也为传统器乐的发展提供了新的思路。

中国民族器乐历史悠久、形式多样，从宫廷音乐、民间音乐、宗教音乐和文人音乐类型来看，器乐形式在这四种类型里均有不同程度的分布。器乐表现的高级形式——合奏，在历史上的发展则相对缓慢。从清末民初开始，城市器乐发展迅速，其中文人是重要的推动者，大量的乐社等相关器乐社团蓬勃涌现，相关的工作，如曲目的整理、加工、重新编排、修改等得到进行。这些文人关心较多的为文曲雅乐，特别是琴曲、丝竹乐等，其历史作用和意义不能低估。这些乐社对于小型合奏曲目的挖掘、整理、改编及表演工作和对器乐形式的传承、发展具有开拓性。

上海国立音乐学院（现为上海音乐学院）在成立初期就开始了国乐的招生和人才培养，但主要是演奏人才的培养。刘天华对于民族器乐的贡献体现在多个领域，但从他的创作来看，合奏作品几乎没有，即使是独奏，似乎也并无伴奏的需求，这与刘天华的器乐美学观，以及创作技术有关。清代以后的戏曲发展，在一定程度上影响了器乐的发展方向和形式，戏曲伴奏需要乐器间的组合，一般形式的伴奏至少需要跟腔、节奏点的巩固、声部的平衡（低音区）等，典型的如京剧的三大件（文场三大件有京胡、月琴、弦子，武场三大件有单皮鼓、大锣、小锣）。当然即使戏曲伴奏再丰富多样，但要发展为一种器乐合奏形式，这之间有着一个发展和融合的过程，而不仅是乐器数量的问题。

由于器乐合奏本身丰富的表现空间，在1949年以后，民族器乐合奏曲的创作与表演都得到很大发展。这其中又分为几种类型：一是单纯的合奏创作；二是伴奏型民乐合奏，一种是舞蹈伴奏，另一种是戏曲唱腔伴奏。舞蹈伴奏的形式应该是基本模仿民乐合奏，但编制不够完整；戏曲唱腔的伴奏则在之前的基础上有所增加，声部力求丰满，低音突出，乐队化已比较成熟。20世纪80年代是民族器乐写作的一个转折点，它与西方现当代室内乐体裁的大量传入有关，合奏的领域在拓宽的同时，体裁形式也更加灵活，既有大乐队形式，也有不同规模、不同编制、不同写法的室内乐形式。

这是器乐合奏的简单发展史，这里的器乐合奏与器乐乐种及其形成又是一种怎样的关系呢？

乐种是指民族器乐一定的存在方式，它包括特定的音乐语言及其陈述方式，具有文化背景的特定地区，具有明确的功能属性、乐器间稳定性的组合形式，独特而明确的美学表达。与歌种和剧种等形式一样，乐种是民间音乐的存在方式，并且广泛地存在于丝竹类、丝弦类、吹打类、吹管类等形式中，包括南北方的许多地区，有着鲜明的地域特征。从总结得出的乐种的概念特征可以分别对其每一属性的来源和发展脉络进行详细的梳理和概括。而这一切自然围绕乐器的独奏和合奏两种形式进行。

中国民间器乐的发展是从独奏开始的，初期的表现应该较为简单质朴，随着其他音乐形式的发展，以及器乐本身的发展，乐器间的融合性逐渐增强，乐器从独奏向多件乐器的合奏的演变涉及音乐史本身的发展，几乎是与音乐史同步进行的。但中国器乐的独奏与合奏的关系与西方相应的情况并不相同，中国器乐合奏是由独奏逐渐融合而成的，在合奏呈现的同时，每件乐器本身也具有一定的独立性，并且影响着相关的表现要素，如结构、旋律、陈述方式、音色等。在目前的许多合奏乐种中，还存在着主奏乐器的形式。从现有的乐种看，一类合奏性质明显，另一类独奏性质明显，这一点不难发现。这是乐种在形成过程中的自然现象，是否能以此证明其成熟度，还有待考察。

乐种的形成与其功能息息相关，其功能包括娱乐、仪式、风俗场面（红白仪式）、商业活动等，而这些相关活动决定了乐器的呈现方式。中国古代社会的封闭性是相对的，民间的许多生活方式则更多地呈现出开放性，这样的开放性影响着器乐发展，包括器乐类型及其演奏形式。锣鼓乐、鼓乐、吹打乐等器乐类型的盛行就鲜明反映出了这样的现象。即使合奏曲对于乐器本身的律制、音色、组合手段（作曲技术）有着众多的要求，无奈文化的强烈需求促成了这种合奏形式的发展和成熟，进而构成乐种的文化内涵。从中国音乐美学层面分析，民间音乐，特别是非语义性的器乐形式，在表达过程中，必须以某种语义性的方式呈现，这样的精神要求使器乐结合和演奏形式相对稳定并逐渐模式化，以致最终形成今天的乐种。民间音乐特别是民间器乐在历史发展过程中背负着众多的文化责任，并且从一开始就承担起相应的责任和功能。而这必然涉及其题材内容，包括相关的标题及其含义。

民族器乐的表现内容，即题材表现，自古以来就丰富多彩，既有《阳春白雪》《高山流水》这样的标题式曲目，也有《三五七》《行街》这样的模糊式作品。应该说，民族器乐作品由于种类的不同而在题材上多有不同。题材性是文人作品的重要标志，虽然这样的标题往往也仅是某种提示或意会标志，如琴曲几乎都有标题痕迹，但这些标题的多数也仅仅是标题而已，其他种类的作品连这样的标题也没有，这样似乎也预示了《江河水》《一枝花》等曲牌性作品另类的属性。

中国民族器乐作品的美学表现力，甚至中国音乐的哀乐之争，早在嵇康的

139

《声无哀乐论》中就有呈现。之所以在千年前就有音乐表现的哀乐之争，这与中国音乐，特别是器乐的表现有着必然的联系，只是在中国器乐类型中，不同的形式又有着不同的情感呈现，如有、无、热情、平静等。中国音乐分类的多样，导致其在题材及其情感表现方面有着巨大的差别。

民间器乐合奏曲在题材方面的情况比较多样，也很复杂。这与器乐合奏的功能有关，在传统的大量的仪式运用中，在多数地区一般是曲牌运用，在长期的历史发展过程中，乐种自身的发展缓慢，并且器乐的情感表现始终受到很大的制约，以致大量中性化的作品广泛存在，也就出现了红白事项中共用同一曲牌的现象。叙事式的陈述也在器乐曲中常见，但更多见于琵琶独奏曲中，其他乐器的表现力显然面临局限。合奏曲本身结构的短小、合作空间的狭窄，使类似叙事风格的作品数量十分稀少。

在某一地区流行的器乐合奏形式由于受到传统大文化以及地域文化的影响，在美学层面上往往具有特定的限制，呈现出封闭性的特征，而更多地在具体表现形式上寻求创新和表现。这就形成了美学的封闭性和音乐表现的开拓性，而这些恰恰是乐种形成的重要条件和元素。

乐种形成的另一个重要元素是，其相对于统一的音乐陈述方式，毕竟决定音乐种类的最重要的元素还是音乐本身。

传统民族器乐曲的音乐一般以曲牌为主，这些曲牌大多是从词曲音乐中的词曲牌演变而来的，曲调呈民间歌曲特性，或者说俗曲小调特征。中国音乐的陈述方式一般以句为最小单位，乐节或乐汇式的材料呈示和发展较少见，材料陈述的周期较长。单件乐器的音域较窄，并且音区的表现力不够平衡，但合奏形式中由于高低音乐器完整，乐队的音域较宽，往往音区单一，曲调一般集中于中高音区。作为以句式为主的陈述方式，其发展手法较单一，变奏性成为最普遍的手法，但这类变奏手法也主要集中在旋律的加花、速度的改变、音色的转换等，对比性质较强的则采用多个曲牌的对比。事实上，同一首作品中的情绪表现往往是单一型，它并不求得戏剧化的对比效果，即使中间采用了展开形式，但手法也较简单，展开幅度小。在陈述型的多种类型中，以引子型、呈示型、变奏型居多。由于乐器制作工艺的原因，调性的变化难以实现。这些都是造成器乐合奏曲发展困境的原因。中国器乐旋律在陈述过程中对句法的处理，对乐句的运用方法较多，如对起音与落音的处理，特别是对落音的运用常常形成合尾形式，形成中国式的终止力。另外，利用音阶的对比也是常用的手法，或者利用调式的对比，中国调式的亮、暗色差在五声音阶范畴里会形成较为鲜明的差异性。

　　器乐曲中的结构常常为乐段及其反复，或者稍带变化的反复，有时也成为所谓的变奏曲，稍大型的一般是以组曲、套曲为组合形式，这样的形式在某些仪式音乐中较多呈现，在一般器乐类型中并不多见。多数合奏曲本身的功能决定了它不需要结构庞大的作品，除了某种仪式。

　　另外，民间合奏曲即使在乐器本身局限的情况下，往往也会尽量重视织体的处理：紧与松、宽与窄、密与疏、厚与薄、快与慢、和与噪、重与轻、进与出等。不同地区、不同类型的器乐曲会有区别，这与具体的写法有关，也受乐队的编制影响，如以变奏手法陈述的乐队织体与曲牌形式的织体会有区别。而作为同一地区合奏形式的器乐曲，由于乐器组成相同，其织体往往具有高度相似性，并且也成为主要的声部特征，从而在形态本体上完成了乐种的构建。

　　从古代开始，中国器乐的发展状态，既有高峰，也有低谷，并且始终有多种元素影响器乐发展的进程。在器乐创作领域，在很长一段时期中，乐器似乎更作为人声的替代品而出现，或者说中国自古以来过于重视音乐的声乐化层面。在这样的背景下，器乐化形式的发展自然受到阻碍。

　　进入明清以后，随着其他民间音乐种类的迅速发展，特别是戏曲和说唱的蓬勃兴起、蔓延，器乐具有了广阔的市场。如同相和歌衍生出相和曲一样，大量的戏曲剧种的形成和发展极大地推动了器乐曲，特别是合奏曲的发展，使器乐曲在音乐材料上也显现出鲜明的复合性和融合性。中国民间音乐在很大程度上是以一种兼容的方式存在的，这特别体现在近代戏曲、说唱和器乐的成熟阶段。戏曲音乐的器乐部分往往是某件乐器主导，是一种主导下的合奏，并逐渐兼容于合奏形式。这些类似兼容的结果推动了乐种的形成。

　　独奏曲向合奏曲的转化是音乐发展的必然，由于中国文化本身的美学特质，传统人群的思维方式、生活方式，地区的文化性格、语言特性，给某种艺术形式，特别是具有鲜明功能的器乐形式创造和提供了一个十分稳定的空间，从而形成家族式的器乐乐种形式。与独奏曲相比，同一地区、同一类型的合奏曲更有着统一化和个性化的美学观和人文精神，有着相似的音乐陈述方式和形态，更包含许多具有家族相似性的曲目。

　　应该说，乐种的形成是多种因素的产物，从正面看，合奏曲的各种呈现是构成乐种的先决条件，另外，目前绝大多数乐种均以合奏曲的方式保存。这也是中国器乐曲的特别之处，它也揭示了一个现象：中国式的合奏曲在更多情况下是以一种集体的、多相似曲目的方式存在的，并且必须形成一个稳定的家族结构，同时在个体的陈述中，往往追求稳中求变。稳定是绝对的，变化是相对的。我们可能会发现，这样的封闭性导致乐种在数百年间的发展中变化很小。因为它们的生存方式就是某种自我式的保护。

2. 中国民族器乐典型作品

（1）《二泉映月》

《二泉映月》是我国二胡名曲中的名曲，是我国民间音乐家华彦钧的代表作。在 20 世纪 50 年代由音乐家杨荫浏先生将阿炳（华彦钧）现场演奏的《二泉映月》录音、记谱、整理并灌制成唱片。曲目虽名《二泉映月》，但是内容和曲名并无太多关系，全曲始终流露出伤感、辛酸的情感，仿佛诉说了阿炳一生的波折和经历的人生沧桑。全曲意境深邃，如诉如泣，被英国音乐家称为"中国的命运交响曲"。更有世界著名指挥家小泽征尔说："这是一首应该跪下来听的音乐。"

后来本曲由著名词作家王健填词，整体的旋律再以声乐化改编，将《二泉映月》由器乐二胡曲改编成为声乐曲。

（2）《曾侯乙传奇》

二胡作品《曾侯乙传奇》是当代作曲家李博禅于 2013 年创作的器乐作品。作品以湖北民歌《龙船调》为主要素材，采用了器乐化的语言描绘了作者对战国曾侯乙的遐想。我们在这里将通过对《曾侯乙传奇》的音乐文本分析，挖掘作曲家的创作思维，浅谈对民族器乐创作的理解。

《曾侯乙传奇》从编制上来说，应属于"二胡与钢琴"，钢琴在这一首作品中不仅仅是作为伴奏乐器而存在的。钢琴在这首作品的音响效果构建中具有重要作用。这也是当代民族器乐在表演形式上的一种创新，打破了以往民族器乐多为独奏的规律，并呈现出多种乐器相融合，包括与外来西方乐器之间相互融合的趋势。这首作品受到了业界的肯定也充分证明这样一种趋势是可行的、必要的。

《曾侯乙传奇》中的音乐内涵主要包括了湖北民歌的情感性、对于编钟音乐模仿的描绘性两个方面。作品描绘了作曲家所理解的战国诸侯曾侯乙以及他对那个时代生活的想象。除去编钟音响是对曾侯乙编钟的直观描绘之外，融入的湖北民歌风格体现的不仅是地域风格更是对民族音乐的赞颂。

麻雀虽小五脏俱全，作为一部中小型的民族器乐作品，《曾侯乙传奇》所展现的精神内涵却极为丰富。在乐曲伊始，空灵的编钟伴奏随着一声二胡的长鸣将听众带入了千年之前的战国时代。在散板的二胡独奏中，千年前的画面仿若重现。随着第 19 小节和第 20 小节的连续下行大跳，音乐重回眼前，迎接听众的是充满地域风格的、温暖的、现实的湖北地域曲调，奠定了抒情式的音调特征。这一段的演奏应体现出现实与虚幻、历史与现代的交替与融合。

乐曲总体上的"慢—快—慢"的布局不仅是速度上的对比，更是情感与时间线上的叠置。在乐曲中段，音乐又从抒情的现实风格转向作曲家所理解的战国时期诸侯林立、战火纷飞的风格。这样一种强大的音乐张力伴随着再现段《龙船调》的旋律在乐曲的尾部再次出现，体现出了热烈、灿烂、激昂向上的情绪。最后在明亮恢宏的色彩中干净利落地结束了整部作品，留给听众的是无限遐想的空间。

第三节　声乐作品文献信息检索

一、声乐作品概述

声乐作品是创作者通过深入感受社会生活而创作的音乐作品形式，也是一种承载着历史印记、美妙声音和心灵乐趣的欣赏作品。随着声乐作品内容的不断丰富和发展变化，声乐创作者所创作的声乐作品呈现出时代性、流行性、科学性和实践性等一系列特征。

（一）声乐作品的概念

有音乐的地方就有声乐鉴赏和声乐技巧的存在，声乐作品就是声乐演唱的重要载体，承载着声乐技巧、欣赏的各种功能。

所谓声乐作品是指，作曲家和作词家以各种思想感情和心灵感受为题材，对生活的点点滴滴的领悟所创作的一种具有审美、动听和欣赏的作品形式。声乐作品是一种时间的艺术形式，也是一种人类天生的自然乐器和演奏题材。因此，作曲家和作词家更加需要全面理解声乐作品的丰富内涵，要能够深入把握和准确理解声乐作品内容，还需要精读谱面、熟悉作品背景，这样才能挖掘声乐作品所蕴藏的深层次的声乐灵魂。

声乐作品作为一种艺术表现形式，它主要以歌唱者的嗓音作为载体来抒发声乐作品内容上的思想感情。声乐作品经历了不同时期的发展过程，形成了不同风格和体裁的声乐作品。作曲家所创作的声乐作品就是对生活的种种体会的思想结晶，这种思想结晶就成为声乐创作的题材和声乐作品的思想内容。

声乐作品主要包括两大部分内容。一是声乐的旋律。每部作品的旋律都是在有组织、有计划、完整的声乐体系的基础上形成的，作曲家能够把握和抓住日常生活的思想感情，进一步创造出丰富的、动听的、优美的声乐旋律。二是声乐的歌词。作曲家和作词家根据声乐的旋律和规律的特质，不断凭借特定的声乐语气词，运用语气、语调、节奏等来展示其所创作的作品，把声乐作品尽情地展示出来，并反映出其风格魅力特点。声乐作品的一串串歌词，就能够组成一曲曲优美动听的声乐作品。

（二）声乐作品的艺术特征

1. 旋律特征

声乐作品的旋律相对于器乐作品而言，其旋律线条相对简单且旋律音程通常为协和的音程。在艺术歌曲中旋律一般为平缓的线条，旋律没有器乐作品那么丰富的自由度。音乐旋律主要采用级进音阶，会在全曲的末尾或者 3/4 处采用跳进进入全曲的高潮部分，随后结束，极少出现不协和音程的旋律。在咏叹调中，作曲家会运用跨度较大的音程跳进表现角色内心的起伏以及剧情的戏剧冲突，会出现少量不协和音程，以增加音乐内容的色彩渲染力及戏剧张力。

2. 节奏特征

声乐作品在一般的艺术歌曲中节奏并不会有太大、太多的变化，往往会以平稳的节奏贯穿始终。在管弦乐编制的歌剧、清唱剧、康塔塔等大型声乐作品中复合节奏、交错节拍以及高频率的变拍子等复杂节奏有一定的运用，但是亦不能与器乐作品节奏运用的难度及广度相提并论。

由此可见，声乐作品在艺术歌曲中运用的节奏类型较为单一，复合节奏、交错节拍以及高频率的变拍子等复杂节奏在大型声乐作品中才会有所运用。

3. 织体特征

声乐作品以和声织体为主，音乐织体衬托并服务于人声主旋律。单声织体在早期的教会音乐中应用颇多，随着器乐的发展和管弦乐队的建立，和声织体在声乐作品中具有重大的意义，众多的织体让音乐音响效果更加立体和饱满，但又与主线条的人声融合地恰到好处。

4. 调式调性特征

一般而言，声乐作品调式调性较为稳定，移调转调现象远远少于器乐作品。所以，声乐作品大部分为一个调贯穿始终，虽然有转调现象，但是占总的声乐作品的比例相对较少。

5. 音区音域特征

声乐作品的音区音域相比器乐作品要窄得多，创作限制性强，运用音域多在小字组的 E 至小字三组的 G，也足够体现人声的色彩和张力。

由此可以看出，声乐作品首先需要考虑到音域范围再进行创作，这也是器乐作品与声乐作品在创作思维上对优先级考虑因素的差别。

6. 音乐内容表达手法特征

相对于器乐作品而言，声乐作品在内容表达上更直接，它通过歌词快速地传递出音乐作品的思想内容。

声乐作品以歌词为媒介，直接传达音乐内容，通过歌词将音乐形象具象化。另外，声乐作品讲究"以情带声，声情并茂"。人声的演绎使音乐更加动人，通俗易懂，易于引起听众的共鸣，因此受众广泛。

由此可见，声乐作品对音乐的表述可通过歌词进行直接和清晰的表达，听众可以与演唱者和音乐创作者，在短时间内得到音乐内容的完整交互。

7. 文学性特征

声乐作品文学性指的是声乐歌曲中的歌词具有文学性特点，因为声乐作品的歌词具有文化性和文学性的特征，声乐作品也就成为文学的一个种类和范畴。

一是声乐作品的歌词具有音乐性。声乐作品是由一定的旋律和歌词组成的，既然声乐作品由歌词组成，那么就会产生旋律优美、具有丰富欣赏性的音乐。这也是声乐作品这种文学体裁所具有的声乐特性，也是声乐作品在创作过程中应具备的特点，属于声乐作品的创作手法和表现形式，其本质是文学的。换句话说，声乐作品的歌词是文学，而不是仅仅表现出歌唱性。既然声乐作品具有文学特性就必然要有大众通俗性的特征，通俗性、形象性、文化性就成为声乐作品的必然特性，歌词具有文学性的声乐作品也就成为无人不歌的大众化文学。

二是声乐作品成为歌词的表现形式。声乐作品都是用歌词表达出来的音乐形式，因此歌词具有文学性，也就是说，歌词同诗歌是并列关系和同属关系。歌词是词，是文学，人们习惯性地认为古词就是歌，歌就是词，词就是文学，歌曲也就是歌，它是由词、曲共同构成的一个新的艺术形式，都具备歌中的音乐成分。比如，在西方文明古希腊罗马时期就有著名诗人萨福、维吉尔、奥维德等创作的作品，他们所创作的声乐作品具有文学性和审美力，声乐作品往往体现出时代的特色。

三是声乐作品成为文学的基石。古人说，"文学是音乐之母"。声乐作品的歌词就具有生活性、文化性、通俗性和形象性等文学特征，声乐作品的基础就是文学。比如，以古诗乐府民歌《长歌行》为例，该声乐作品集中反映了我国古代人民勤劳耕作的生动形象，通俗易懂地表现出穷苦百姓的丰富多彩的民间生活，更多的是使人亲身感受到这种音乐表现形式，并使人感受到具有文学色彩和启迪意义的人生哲学和智慧魅力。毫无疑问，一篇可读性强的文学作品可能是一部优美动听的声乐作品，也可能是一首具有美妙旋律的歌曲。

8.音乐性特征

毫无疑问，声乐作品为歌唱家提供了重要的歌词来源和旋律节奏，有了一个根本的遵循原则。长期以来，声乐作品逐渐出现了音乐性的特点，其不仅具有欣赏价值、育人价值、陶冶价值和悦耳价值，而且能够产生出一种让人舒服和心情愉悦的旋律。声乐作品的音乐性就表现在曲式特色和演唱特色中。

一是曲式特色。我们都知道声乐作品，有一个概念比较宽泛，那就是所谓的"结构"概念，即指声乐作品在时间和空间上的结构，这就是声乐作品表现在时间上的曲式特色。一般来说，声乐作品在中间没有结束性的停顿和片刻暂停，也就是歌唱到最后才有收束，就是声乐作品的曲式民歌特色。比如，脍炙人口的江苏民歌《茉莉花》这一典型的声乐作品的曲式特色，还有舒伯特的歌曲《野玫瑰》、内蒙古民歌《嘎达梅林》、山东民歌《沂蒙山小调》等都体现了声乐作品的曲式特色。

二是演唱特色。声乐作品中的所有歌曲都是提供给想演唱又会演唱的人进行演唱和表演的作品形式，只要是声乐作品就会给予演唱者进行演唱，从而表现出声乐作品的思想内容和丰富感情。比如，西方声乐作品中的《荷马史诗》《神曲》都是有力的证据。我们都知道由创作者创作出来的声乐作品都讲究押韵，演唱起来和读起来朗朗上口，颇具音韵美、律动感。又如，欧洲声乐世界里著名的意大利古典作品《受伤的新娘》的旋律就突出表现了百姓艰难的生活。所以，声乐作品往往演唱出来的思想感情是十分丰富的，有的活泼、浪漫，有的哀怨、悲痛，有的声乐作品旋律追求清静、朴素和典雅。

（三）声乐作品的种类

声乐作品分类较多，门类齐全。在我国流传的声乐作品的体裁可分为民歌、艺术歌曲、歌剧、声乐套曲、声乐协奏曲与通俗歌曲等，声乐作品中的某些声乐类型可以推动更多的声乐演唱者创作出更为优秀的声乐作品。根据声乐作品的不同特征，可以分为多种类型的声乐作品。声乐作品是演唱者演唱歌曲的重要载体和表达形式，声乐作品的内容是歌唱演员表达内心思想感情的主要形式。因此，声乐作品按照不同题材和选题风格，可以分为歌剧声乐作品、大合唱声乐作品、民歌声乐作品等几种形式。

一是歌剧声乐作品。声乐创作者对歌曲的各种形式的特征、风格、思想、体裁、情绪、结构、风格以及整体的布局与构思的理解不同，因此，在此基础上进行详细分类，可以有进行曲、群众歌曲、大合唱、小夜曲、船歌等声乐作品。

比如，声乐创作者通过观察大自然所创作出来的声乐作品，就会呈现不同的声乐作品风格。

举例来讲，声乐作品中歌剧《费加罗的婚礼》是大家较为熟悉的作曲家莫扎特的代表作品，该声乐作品内容表现出优美典雅、精致含蓄、轻快明朗的各种特征，用鲜活的语言描绘了对高贵温柔的伯爵夫人的同情、悲悯和讽刺。该声乐作品的内容表现出对拈花惹草的伯爵的讽刺揶揄以及少年的纯真、善良等特征。

二是大合唱声乐作品。大多数声乐作品都是基于创作者的生活体验和积累的常识所创作出来的一种作品形式，用大合唱形式歌唱祖国以及边疆人民的生活面貌，可特别展现少数民族地区的风俗民情。大合唱声乐作品的演唱形式最为常见，这种声乐作品往往采用个人独唱、大家齐唱、团体合唱、翻唱重唱等演唱的多种组合形式。在一般情况下，用什么样的演唱形式，要根据歌曲题材、体裁和要表现的情绪而定。例如，我们都熟知的歌剧《塞维利亚的理发师》就是罗西尼的重要代表作，创作者通过结合意大利歌剧的特色，特别注重旋律和节奏，注重声乐作品音阶的演唱，注重声乐作品歌唱技巧，注重声乐作品吸取德国和法国喜剧中夸张幽默、风趣搞笑的形式和手法，从而表达出声乐作品的明快华美和独特的音乐喜剧风格。其声乐作品描绘了一位阿尔玛维瓦伯爵文学少年，他富有热情，青春且充满自信，从小就痴心爱恋着活泼美丽的罗西娜姑娘。

三是民歌声乐作品。一般来说，大多数民歌声乐作品都是通过创作者深入生活得来的，它们来自民间生活中的口头传唱，是富于地方色彩和民族特色的声乐作品形式。民歌声乐作品的歌词往往通俗上口、形象生动且富有地方特色，同时民歌声乐作品的旋律是优美流畅、优美动听的。这类声乐作品的演唱通常采用各民族、各地区方言来表达内心思想感情，体现民歌声乐作品的神韵和风格。民歌声乐作品不仅表现出了各国民歌均有的独特的民族风格和思想感情，也突出反映了当地居民生活的情调和生活幸福感和获得感，有力地彰显出民歌声乐作品中各民族的社会生活风貌和习俗。

（四）声乐作品艺术表现的优势与局限

1. 声乐作品的优势

声乐作品的优势主要表现在，声乐作品是通过歌词的具体化让音乐内容得以清晰展现的。歌词是声乐作品中最为重要的构成部分，歌词能准确地传递音乐内容和表达思想感情，因此声乐作品的音乐内容表现具有精准、清晰的特点，易于引起听众的共鸣，从而具有广泛的群众性。

此外，声乐作品具有其独特的音乐表现力和音乐色彩渲染力，声音作为人类身体与生俱来的一部分能力，其具有比任何乐器都更加精准的运用和控制力，可以说是任何人类创造的乐器所无可比拟的，人声可以毫不费力地表现各种音乐色彩，如甜美的、悲伤的、愤怒的、开心的。因此，只有声乐作品才能如此轻松地表现各种具象或抽象的音乐色彩，这是声乐作品的最大优势，不论任何器乐怎样模拟人声，无论达到多么相似的程度，那都只是暂时的，无法取代声乐艺术。

尽管如此，一般的声乐作品在其节奏的丰富性、旋律的生动性、意境的多彩性等方面还存在一定的局限。

2. 声乐作品的局限

单纯声乐作品的曲式结构相对于器乐作品来讲仍具有很大的局限性，其旋律简单，音乐纵向发展不够深，横向发展不够远，和声织体单一，音乐内涵不够饱满，声乐作品音域比器乐作品狭窄，不如器乐作品创作自由，因此对音乐内容的展现有时候不够完整。器乐作品的技法种类丰富，囊括广泛，人类所创的所有音乐艺术技法在器乐作品中均可见到，这也是单纯的声乐作品所不可企及的。

我国早期的艺术歌曲，其旋律虽然优美动听，但是结构短小，旋律简单，音域也相对狭窄，音乐的表现力及张力都不如器乐作品。

二、不同类型的声乐作品文献检索

（一）艺术歌曲

1. 中外艺术歌曲对比分析

作曲家运用自身灵感和对诗歌的共鸣精炼出音乐世界，演奏家领悟这一作品并在演奏过程中表现出其艺术性，这是艺术歌曲的魅力所在。因此演奏家需要有深厚的文化素养，特别是对诗歌进行深刻理解，以使其在通晓语言的同时，还具备坚定的研究意志和足以通晓异域文化的气度。理解用理论难以说明的日常生活中的无意识的哲学思考，以及习惯中生出的"文化"和"传统"，这种精神直接关系到演奏表现。

中国艺术歌曲是以当时的艺术家对于西方文化的憧憬和尊敬为基础，再和我国文化正面碰撞后的创作结晶。一些学者若在数年间持续演奏中国艺术歌曲，必然会被其魅力所吸引。这些学者往往会以对于中国艺术歌曲文化侧面的所思所想为起点，论述其对艺术歌曲的演奏理解。

关于中国艺术歌曲，在新文化运动时，知识分子对西方思想文化曾兼收并蓄。在这场改革运动中，中西方文化交流达到了前所未有的程度，文学领域陆续诞生出优秀的诗作。19世纪初的萧友梅、赵元任、黎青主等有才干的知识分子、音乐教育家、音乐家于欧洲苦学后回国并用所学指导后辈。这些音乐家作品的共同点是将文学和音乐紧密联系起来，偏爱将钢琴伴奏和声乐一体化。这点也表现在之后的黄自、贺绿汀、刘雪庵等人的作曲中，不难想象这也大大影响了他们的研究。20世纪20年代到30年代是中国艺术歌曲黄金期，作品风格越来越细腻缜密，成为此曲风发展史上的一座高峰。

2. 艺术歌曲文献检索

国外典型作品举例如下。

①达尼：《我亲爱的》。

②肖邦：9首独唱歌曲。如《少女的愿望》等。

③李斯特：50多首歌曲。如《罗列莱》《啊，我在梦中》等。

④科特劳：《桑塔·露琪亚》。

⑤库尔蒂斯：《重归苏莲托》《为我歌唱》。

⑥卡尔蒂洛：《负心人》。

⑦舒伯特：《致音乐》。

⑧德沃夏克：《母亲教我的歌》。

⑨理查·施特劳斯：100多首歌曲。如《黄昏的梦》等。

（二）音乐剧

1. 英美音乐剧概述

作为一种综合性的艺术形式，集音乐、歌舞、戏剧等多种艺术形式于一身的英美音乐剧兴起于欧洲戏剧的民族化发展进程中，并在国际化的道路上逐渐风靡世界，成为当代大众文化消费时代人们喜闻乐见的一种艺术形式。

在其形式和内容趋于统一的发展过程中，该剧种既具有文艺美学固有的价值，又具有意识形态功能的政治美学价值；既体现出西方民族的理想追求，又体现出人类共有的价值观。

在后现代社会，音乐剧虽然属于大众文艺的范畴，但在本质主义和建构主义的作品经典化理论运作机制的作用下，音乐剧这个新兴的艺术类型完全能够冲破传统观念，走向经典。

在西方，戏剧文学家获得诺贝尔文学奖的例子并不少见，如比昂松、埃切加赖、汉姆生、梅特林克、萧伯纳等一批剧作家，还有鲍勃·迪伦等民谣艺术家。从鲍勃·迪伦的颁奖词可以看出，其获得诺贝尔文学奖的主要理由并非因为美国摇滚和民谣艺术形式本身，而是其作品中"诗意表达"的深刻思想内涵，即其作品的文学性。这种学科跨界现象在很大程度上体现出诺贝尔文学奖评委对鲍勃·迪伦作品中所包含的"人学"教化功能的肯定。他在作品中对社会底层小人物的关照以及对其未来命运的关心，为他获奖加了分。

显然，鲍勃·迪伦的舞台摇滚作品的意义已经远远超出了文艺作品单纯的娱乐性艺术价值，其作品的文学性和舞台戏剧性，揭示出民谣的政治美学价值以及由此而升华了的"人学"价值。

音乐剧在西方当代通识教育中对青少年促进自身的全面发展具有奠基作用。

2. 音乐剧文献检索

（1）国外典型作品

①欧文·柏林：《安妮，拿起枪》是当时百老汇最出色的音乐剧之一。

②哈维·施密特：《异想天开》。

③鲍伯·梅里尔：《狂欢》。

（2）中国典型作品

①张学友、梅艳芳：《雪狼湖》，香港投入巨资创作。

②王祖皆、张卓娅：《芳草心》《玉鸟"兵站"》。

③庄德淳：《海峡之花》。

④刘虹：《特区回旋曲》。

⑤左焕坤：《请与我同行》。

⑥金湘：《日出》《美丽的战士》。

⑦王猛：《人间自有真情在》。

⑧黎夫：《山野里的游戏》。

⑨刘锡津：《鹰》。

⑩杨人翊：《夜半歌魂》。

⑪程大兆：《芦花白·木棉红》。

⑫刘振球：《四毛英雄传》。

⑬傅显舟：《新月》。

⑭杜鸣：《白莲》。

⑮李海鹰：《未来组合》。

⑯周雪石：《中国蝴蝶》。

⑰陆建华：《快乐推销员》。

⑱邹野：《香格里拉》。

第七章　艺术信息素养能力的培养

在信息化时代，信息技术迅速发展，对于个人来说，信息素养已经成为一种必备的素养。对于艺术专业的学生来说，具备一定的信息素养是十分必要的，因此应该对其艺术信息素养能力的培养进行研究。本章主要分为信息素养及其能力的重要性、艺术信息素养的不同层次、艺术信息素养能力的培养路径三部分。本章主要内容包括信息素养概述、信息素养能力标准、艺术信息素养的概况、艺术信息素养的层次分析、我国艺术信息素养教育的现状与成因、艺术信息素养教育的重要性等方面。

第一节　信息素养及其能力的重要性

一、信息素养概述

（一）信息素养的概念

"信息素养"一词是从图书情报相关专业中的信息检索中衍生而来的，最早由美国学者保罗·泽考斯基于1974年将其定义为，利用大量信息工具及主要信息资源使问题得到解答的技术和技能。随着社会信息化程度的发展，信息素养的概念也在不断地完善，其由最初的一种单一技能发展成为今天的多维度的综合素质体系，由静态的结果发展成动态的过程。现在比较公认的定义是，信息素养是个体具有较强的信息意识，能结合自身需求获得信息，并能加工、处理和进行一定的创新能力，具备一定修养的综合表现。按照这一定义，可以将信息素养分为四方面，即信息意识、信息知识、信息能力及信息伦理道德，如图 7-1 所示。在这四部分中，信息意识是信息素养的前提，信息知识是信息素养的基础，而信息能力则是信息素养的核心，信息伦理道德是信息素养的保障。它们之间相互联系、互相促进，构成信息素养的统一整体。

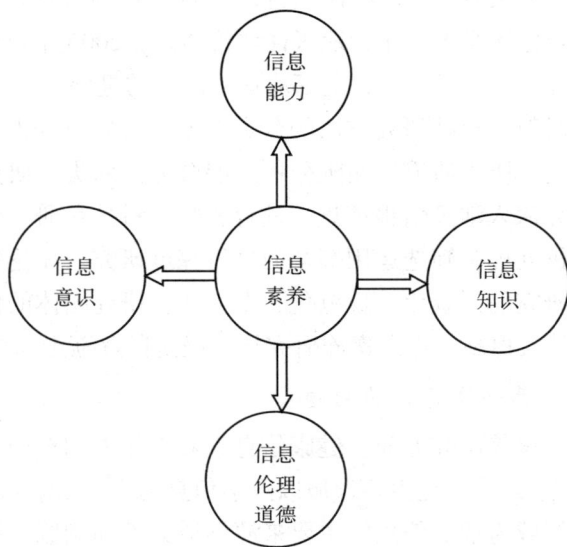

图 7-1　信息素养的构成

（二）信息素养的研究情况

1. 国内外信息素养的研究情况

（1）国外研究现状

信息素养被美国大学与研究图书馆学会（ACRL）界定为元素养，即其他众多素养的基石。1993 年，美国一份"关于信息素养的形势报告"中提出"解决信息问题的技能"，被美国国家信息素养论坛采纳。2001 年，美国大学与研究图书馆协会公布了《高等教育信息素养能力标准》，该标准获得了美国高等教育协会的认可。2015 年 2 月，ACRL 理事会提交了《高等教育信息素养框架》（以下简称"框架"），这一系列的报告为信息素养提供了理论研究的基础和依据。

与此同时，各国研究机构以团队作战的方式显示了强大的研究能力，如南洋理工大学等，其研究内容有实证研究、能力评估、方法案例等，其间发表的研究文献数量大，涉及领域广泛，不难看出国外学者开启了对信息素养的广泛研究并卓有成效。

（2）国内研究情况

1989 年，一篇《浅议企业经营者市场信息素养》的论文首次引入"信息素养"这个概念。1999年，上海教育出版社出版的《信息素养论》，正式引入了"信息素养"这一概念。2003年，清华大学主持开展了关于"北京地区高校信息素质能力示范性框架研究"的科研项目，2005年该项目发布了《北京地区高校信息素质能力指标体系》，作为地区性评价体系。2006年至今，中国的信息素养研究无论是理论上还是在实践上都取得了巨大的进展。

根据托马斯对教育科技研究方法的分类框架，将研究分为定量研究、定性研究、批判性研究、历史研究、文献分析和混合方法六类，研究内容从最早的企业信息素养研究深入涉及情报信息、教育教学、科技科研、嵌入式教学等，从信息获取、分析处理和筛选运用等全面进行深度研究，无论是期刊论文的数量和质量，还是研究的系统化、规范化、专业化，研究团体的信息素养从模式化到多元化都有很大提高，信息素养研究从初级阶段逐渐走向成熟阶段。

2. 国内信息素养研究存在的问题

一是健康信息素养研究方面。健康信息素养依托人们对健康信息的解读和判断。国内健康信息素养研究主要领域以医学信息为主，以医疗康养、社区服务、医学心理和其他领域为辅。信息的主要来源渠道为不同浏览器搜索出的网络咨询信息，不同的解读版本使健康信息缺乏统一标准，健康信息精准评估也面临最大挑战。

二是嵌入式数据素养研究方面。大数据环境下在现有平台上嵌入信息是一个合作共享的过程。与科研人员合作，嵌入课题协助信息收集和数据管理；与教师合作，嵌入课程和网络教学，协助课程设计、教学内容选择、教学目标设定等；与学生合作，嵌入知识构建和学习、生活环境模式。因硬件、软件和教学模式以及技术水平等因素的制约，嵌入平台环境还需进一步整合。

三是学术出版素养研究方面。目前，作为全新的学术信息的开放存取，学术出版模式正在迅速普及和发展。陈晓红等在研究生的课程中加入了有关学术出版素养教育方面的内容，目前国内学术出版素养教育由于人才引进和人才培养力度不足、线上线下培训力度不够、现有的课程结构不合理，教育内容没有围绕学术出版的生命周期从学术出版成果的形式、传播的过程来展开，内容上也缺乏一定的系统性和完整性。

四是研究深度和广度方面。纵观我国现阶段的信息素养研究，个性和共性使然，尤其是在新媒体、新技术环境下，虽然在数据素养、元素养、研究素养等方面有了一定的研究成果，满足了一定的用户需求，但在元素养和数据素养研究方面还少有成功的案例可分享。武汉大学黄如花教授指出，受信息素养教育概念范围不断扩大的影响，研究内容应该拓展到数据素养、视觉素养和媒介素养等专业技能方面。再加上对于信息素养研究的重视程度、研究深度和广度不够，对信息的评判从形式到内容设计都存在较大的问题。

3. 借鉴国外研究模式，助推信息素养研究的多元化发展

信息素养与批判性思维、创造性思维一同构成了一种高级认知技能和能力，目前国外信息素养研究已经涉及了医学、哲学、心理学、伦理学等多个学科领域，如何借鉴国外先进经验来构建与之相适应的信息素养模式，国外的研究模式和经验以及成功案例值得我们借鉴学习。

第一，规范准则作为理论研究依据。我们以美国在 2000 年公布的信息素养标准为基础理论研究蓝本，以澳大利亚与新西兰合作在此蓝本上修改制定的原则、标准及实践为依据，明确信息素养研究的重要地位，并作为指导性的指南和准则，为下一步建立多元化信息模式和评价体系，奠定坚实的基础。

第二，评价标准分级建立。根据规范化的准则，标准的设置以学术性和专业性为主，并依次分级建立包含获取能力、处理分析和成果运用等的二、三级分类指标体系，分别用明确、清晰、具体的语言来描述个人或机构获取筛选、分析处理、成果运用的逐级分类指标体系。

第三，多元化的研究领域是趋势。根据国外学者对信息素养的研究经验和成功案例，不难看出研究主要以教育素养为主，哲学、心理学、伦理学、医学、法律、计算机网络等多学科研究领域齐头并进。特别是随着网络技术的不断发展，研究的重点朝着智能化方向转移，并呈多元化研究的趋势。

第四，智能化代理系统的发展。随着互联网信息检索平台和技术的不断升级，特别是智能代理系统的发展，人们从教科书式的检索能力，综合提高到信息的解码与封装，从人们的思考性评价到评判性评价，信息的鉴别判断、信息的理论认识与传递方式在不断交替更新。

第五，嵌入式平台的多功能服务。把多样化的服务平台与各机构的资源平台纵深嵌入，结合机构资源和网络信息资源，同客户端口进行有效对接，构建教学、科研和用户为一体的新型多功能服务平台，信息素养教育向学科专业化纵深发展。

（三）信息素养的培养

信息化的发展已成为新常态，公众信息素养水平是衡量一个国家综合国力的重要指标。在全媒体时代，公众可以随时随地自主地表达自己的思维和观点，极易造成带有功利性的违背信息伦理、制造信息谣言的"信息疫情"。公众若

不具备基本的信息素养，面对繁杂信息时没有选择、辨识、理解、评估、创造信息的能力，对于"信息疫情"的认识就可能片面化、偏颇化，容易受自身情绪和负面因素的影响，难以正确、理智、客观地表达自己的观点，继而出现盲目跟帖、滋生网络谣言的现象。提高公众信息素养是增强公众参与社会管理能力、净化网络舆论环境的根本途径。公众具备良好的信息意识，掌握情报采集、分析和处理能力，遵循信息伦理道德，可有效甄别信息的真假，不造谣、不信谣、不传谣，从而避免"信息疫情"中谣言和虚假新闻带来的社会危害，从根本上推动信息空间的健康发展，为公众舆情表达提供良好的空间环境。

1. 发挥主流媒体聚焦效应

新媒体时代实现了人们之间的"零距离"，提升了公众话语权与表达权，但基于受众与媒介现实之间的认识偏差，媒体效应极易造成"信息疫情"，致使网络谣言出现，网络失序情况增加，网络生态受到污染。提升受众信息素养，维护媒体公信力便成为抵制"信息疫情"的有效保障。官方媒体和主流媒体对事件的报道具有权威性，影响着人们对舆论热点的判断，扮演和传递着网络时代的正能量。社会要主动发挥主流媒体的聚焦效应，积极开展公众媒介信息素养的教育引导。比如，在新冠肺炎疫情期间，《人民日报》微信公众号推出"疫情信息"专题，腾讯新闻实时追踪疫情，也有杂志《竞争情报》开设"情报战疫"新媒体专栏等，来影响和引导受众对事件报道的判断和评价，提升受众对海量信息的分析与评判能力，帮助公众建立起客观公正的舆论信息价值评判标准，使主流价值观能够在大众传播过程中占据主导地位。

2. 提高公众自身媒介素养

在媒介融合环境下，各种媒介相互交融，良莠不齐的网络信息多途径、多方式地自主传播，使信息获取变得越来越容易，而信息辨识则显得越来越重要。国际图书馆协会联合会（IFLA）把批判性思维作为媒介素养和信息素养的关键技能。公众既是信息舆情的消费者，同时也是信息舆情的创造者和传播者。面对新媒介，公众应当主动提高自身的信息素养，提高运用信息知识分析、甄别、创造、共享信息的能力，不被一些不良传媒的消极、不实言论所诱导，能够利用自己的信息素养（包括信息知识、信息能力、媒介使用等）对网络信息做出正确的理解和判断，从而客观真实地表达自身观点，积极参与社会舆情，切实做负责任的"发声者"和思维缜密的"接收者"。

3. 推进信息素养培育的供给侧发展

信息素养培育旨在全面提高公众信息素质。供给侧发展就是通过资源、用户和相应信息技术、情报知识等相关要素的整合调控，实现各构成要素之间的优化配置。近年来，国内信息素养教育持续开展，如设立新生馆员制度、开展嵌入式元素养教学、建设公众网络学习平台、开设慕课课程等，但由于培育过程缺乏连续性、教育体系缺乏系统性、培养特质缺乏批判性思维，并不能满足多媒体环境下公众对信息素养的现实需求。要达到公众信息素养整体提升的既定目标，必须从供给侧发力，以政策支持鼓励各行各业推进信息素养教育，使理论培养结合现实案例，信息知识融入社会实践，从而有效推进对公众信息素养培育的发展。

4.加强信息道德修养教育

公众利用网络信息应当遵循一定的行为规范，包括信息道德与信息法律。信息法律是被动的约束，信息道德则是主动的遵守，依靠人的自律和社会舆论来保证实现。"信息疫情"正是考验信息道德的承受底线。面对"信息疫情"，部分公众信息道德认知紊乱，甚至发生网络道德失范行为。加强网络信息道德修养教育，可以有效提升公众信息道德规范意识，引导公众理性参与网络信息的发布与传播，客观批驳信息传播中的不道德行为，提高公众在新媒体时代的信息素养水平。

（四）信息素养未来之势

未来，随着5G网络的全方位渗透和大数据技术的普及应用，"信息超载"现象将更加突出，"信息疫情"也日趋多元，真相和表象之间变得更加扑朔迷离。面对世界之大变局，信息工作就要肩负"察势"使命，努力提升公众信息素养。

首先，情报意识和能力是信息素养的重要内涵之一，情报思维不应为情报研究人员所独有，而须成为现今复杂信息环境下公众保持理性思考的一种必备技能。通过情报思维循序渐进地将情报信息意识渗透于日常思维惯性中，增强公众对网络信息的感受力、洞察力，摆脱被动浏览式的信息灌输干扰，以情报的视角于混乱无序的信息中捕获目的信息，抑或从司空见惯的报道中透视有价值的信息，从而实现信息认知的沉淀和信息思维的自觉转化。

其次，针对未来信息的开源共享性、多元无序性、动态复杂性，公众需要掌握相应的情报信息分析、辨识能力，能够对碎片化的多源情报流进行全面评估，有效利用情报信息检索工具，对异构的海量数据信息，如微博数据、网页新闻、专题数据库等进行精准检索，经过吸收、提炼、分析之后形成正确的判断与决策，进而创造出新的更有价值的信息成果，实现信息泛在融合的无边界共享与"泛众"传播，构筑一道防止"信息疫情"扩散的隔离墙，发挥好正能量的传播效应。

最后，公众需进一步强化信息伦理道德意识。信息伦理道德是指公众在进行信息活动时应遵循的行为规范的总和。全媒体时代存在不良信息泛滥、电脑黑客横行、网络安全事件频发等信息问题，在对静态的、碎片化的信息或知识进行选择、评判、分析、传播的同时，公众的自我批判性思维和自我反思能力成为网站信息净化的重要影响因素，因此提高信息素养势在必行。

公众的个体性、差异性特点，意味着信息素养在自身层次、受教方式、接受程度等方面存在千差万别。因此，公众信息素养培育和提升不是一蹴而就的，而是需要一个全面持续的漫长过程。在全媒体时代，公众的信息思维方式和行为范式必须准确识变、科学应变，要与时俱进地以泛在的、融合的媒介为坐标体系，培养公众用情报的思维方式思考和解决问题，引导公众由社会信息的"聆听者""接受者"转变为信息正能量的"发声者""缔造者"，营造和扩大公众参与社会管理的舆论氛围和影响。

二、信息素养能力标准

（一）信息素养能力的体现

1. 信息获取能力

信息获取能力是指，公众根据自身学习、研究情况，在原有知识的基础上，运用一系列的信息技术，有目标、合理、高效地搜索新信息，将新旧信息合理化融合的能力。在广泛的学科领域和多样化的专业研究中，拥有高素质的信息获取能力不仅可以建立稳定、多渠道的信息源，使公众能够根据事前规划的研究策略，有目的、有步骤地运用最恰当的信息技术获取自己所需要的有价值的信息，为研究提供有力的信息支持，同时还会带来速度优势、储备优势，提高个体对信息的吸收能力和快速反应能力。

2. 信息整合能力

信息整合能力是指，公众对获取的信息进行细致分析，去伪存真、去粗存精，按照不同性质、不同应用进行分类，以保证信息来源的正确性和条理性，建立属于自己的知识结构体系的能力。

如果说信息获取能力保证了收集信息量的积累，那么信息整合能力是将收集的信息提高到质的高度，公众具备该能力可以为后续信息的创新和应用提供技术保证。信息整合能力的强弱直接影响工作学习的质量高低。将零碎分散的海量的信息资源系统地、有条理地整理储存，可以提高所获取信息的直观性、可操作性，减少片面性，减少不必要的成本，增加信息的利用价值，加强人与人之间的沟通。

具体的整合步骤包括以下几点。首先，筛选过滤。从大量的信息资源中提取与研究目的相关的信息，运用人工选择和计算机筛选系统，在综合考虑信息相关性的前提下进行的工作。其次，分类。运用基础的分类法知识，将筛选后的信息按照不同格式、不同内容、不同时间等进行合理化区分。最后，索引。将分类后的信息按照内容、出处等，进行有序排列，便于将来查阅。

3. 信息转化能力

公众须具备信息转化能力，只有将获取整理后的信息真正吸收，消化转化为自身知识结构体系中的一部分，根据实际情况才可以适时地选择运用。信息转化能力有助于扩充个体自身知识库，为后续其他研究工作提供新的理论基础，减少重复性工作。同时，信息转化能力还有助于应对信息动态流动的特征，加强信息共享与交流，信息知识的提升和转化是人际互动的必备条件。

4. 信息评价能力

公众的信息评价能力是指，将所获取、整理后的信息进行系统的、科学的评估、考查，分析现有的信息和尚缺的信息，及时修改现有研究计划，使正在进行的研究更具合理性、科学性。

5. 信息应用能力

学习的最终目的就是将所学的知识应用于实际中。"实践是检验真理的唯一标准。"信息应用能力就是将信息从理论到实践的转化过程，是体现信息价值性的关键所在。信息应用能力是前面几种能力是否完备的实践体现。是否拥有很好的信息应用能力是考查公众是否真正领会并发挥所获取的信息理论的最有效方式。只有具备了良好的信息应用能力，才能做到理论与实践相结合，才能在下一步实践中解决新问题。

6. 信息创新能力

信息创新能力是指，在一系列基础能力发挥作用的前提下，通过对原有信息和现有信息的理性分析，将旧的信息结合时代环境等背景创造出新的理论，以解决新的实际问题和启动新一轮的探讨研究。信息创新能力是信息素养能力中连接新循环的节点，只有在提出新的理论、新的观点或新的问题的基础上，才能实施新的探寻信息的过程。

（二）信息素养能力的重要性

1. 对学习的重要性

图书馆是在计算机普及之前学生进行专业学习的主要途径，学生频繁地往返于图书馆、宿舍和教室之间，形成"三点一线"的生活和学习模式。在这种模式中，对图书馆的利用存在种种不便。而现在的图书馆已经不限于提供纸质的信息资料，图书馆通过购买各种类型的数据库，将大量信息资源通过网络服务提供给师生。师生通过网络访问图书馆的数据库服务器，或者采用 IP 限定的方式访问远程的服务器就可以直接浏览和下载各种文献信息资料。数字图书馆和电子资源的繁荣要求学生除了会使用计算机之外，还要对必要的信息资源和数据库的使用方法有较为深刻的了解。

2. 对生活的重要性

在人们的日常生活中，信息素养能力是十分重要的。掌握了信息素养能力，人们就能够对于自身相关的信息进行了解，进而让人们的生活质量得以提高。例如，求职者想要了解哪里有就业机会，租房人想要知道与房东的权限纠纷可以依据什么法律来保护自己等，这些问题依靠个人原有的知识可能无法解决。可是假如具备了良好的信息素养能力，我们就可以及时获取信息，及时找到机会，做出正确决策。

3. 对终身学习的重要性

对于终身学习来说，信息素养能力是十分重要的。学会怎样自我学习，是参加学校教育之外的，学习与更新知识的方法。信息素养能力具有自我定向的特性，具有信息素养能力的人通常能按照特定的需求，寻求知识，寻找事实，评价和分析问题，产生自己的意见和建议，在成功寻求知识的激动和喜悦中，也为自己准备和积累了终身学习的能力和经验。

（三）提升信息素养能力的途径

随着信息化的飞速发展，人们对信息的关注度越来越高，研究的内容也越来越丰富，信息的获取渠道、数据搜集、分析处理和成果利用已经变得越来越重要，不断探索和提高信息素养能力是信息时代的大趋势。

1. 制定信息素养标准

信息素养包含信息技能、学术素养、信息处理、数据监测、数据管理等，规范合理地制定标准，使人们的信息意识和信息能力评估有了依据，同时使判断人们信息素养水平的高低有了标尺，进而对正确有效地评判人们的信息综合素养能力起关键性的作用。

2. 提高信息获取能力

怎样在纷繁复杂的信息群里获取有价值的信息，关键要看对信息的了解掌握、分析处理和利用的程度，要利用好数据库资源、搜索引擎和专题学术论坛，对碎片化的信息进行筛选和分析整理。及时对信息进行跟踪和更新，通过技术手段从中提炼出解决问题的途径和方法来为提升信息素养服务。

3. 学科馆员的梯队建设

学科馆员作为学术的领航者，兼具服务者和学者的双重属性，要培养一支知识结构合理、专业技能较强的人才队伍，除了岗前培训、会议交流、传帮带以外，还要建立有针对性并行之有效的培养策略，充分利用图书馆的优势资源，培养善于独立思考和具有独立研究能力的复合型学科馆员队伍。

4. 建立常态化评估机制

在建立评价标准的基础上评估常态化，充分发挥人们的主观能动性，对信息能力、信息意识、信息手段、信息获取、信息分析和信息处理能力等方面，设立评估和评价指标体系，量化信息素养标准，建立评估长效机制，积极推动信息素养教育的不断提高和发展。

第二节 艺术信息素养的不同层次

一、艺术信息素养的概况

随着智能手机的广泛应用，在艺术院校，学生利用网络和手机可以随时随地获取信息，普遍对信息的关注程度都很高，在购物、交流、娱乐等这些和日常生活相关的基本信息活动方面关注度也较高。可见艺术专业学生日常的信息素养基本能够符合时代的发展。但是，从专业角度来看，艺术专业的学生相对于其他专业的学生，总体来说在与自己本专业相关方面的信息素养会较弱一些。具体而言，较之其他专业的学生，艺术专业的学生更缺少在本专业上主动获取信息，以及分析评价信息、应用信息的能力。

这可能是由两方面的原因造成的。一方面，因艺术信息本身的特点，导致其记录、收集、整理、存储、复制以及检索都较其他信息资源困难，这使以往很长一段时间里艺术信息本身不容易被获得；另一方面，就传统的艺术学习和创作而言，学习更偏向于向自己的教师请教，创作上则更偏向于实践或练习，比较少遇到必须检索专业信息的要求。这两个原因导致了过往的艺术专业学生忽略了对专业信息素养的培养。

随着现代信息技术的长足发展，艺术信息越来越多地被文献化，艺术资源日益丰富，艺术资源的访问和检索也更加容易。而发展的时代对学生的专业要求也相应提高，单纯从课堂和教科书中学习的专业知识已不能满足当今的社会对艺术专业学生的学习和创作的要求。如今，艺术专业的学生有理由，也有条件学习掌握主动获取艺术专业信息，以及评价、分析、应用艺术专业信息的能力。

广义来说，艺术信息素养包含了所有与艺术相关的信息素养。但本书主要面向已有一定艺术基础的艺术学院学生，是为艺术学院学生的学习，以及未来从事艺术工作中可能的信息需求给出指导。因此本书的内容主要关于从何处可以找到艺术资源，在这些艺术资源中如何检索到自己所需的艺术信息，如何学习判断和评价检索到的信息，以及上述方法的灵活应用。

二、艺术信息素养的层次

（一）初级技能、知识及情感能力

初级技能、知识及情感能力要求学生做到以下几点。

第一，信息定位。首先，学生应认识到使用背景不同，对信息的需求也是不同的。比如，学术或者职业工作，论文或者创意，图书馆使用或者远程使用等不同背景信息需求的差异。其次，按照信息需求匹配搜索方式，如学术图书馆数据库、网络搜索引擎（如谷歌）等。最后，按信息需求匹配信息来源。例如，某种信息类型的书籍，其他信息类型的文章，其他信息类型的网站等。

第二，图书馆资源。对图书馆内导航进行了解，查找图书馆内书籍、期刊所在位置；利用标志牌、地图和读者指南查找图书馆藏书和使用图书馆服务；利用索书号查找图书或者期刊；利用图书馆的分类系统查找实体图书，或者使用电子系统浏览查找具体主题的图书；利用图书馆馆藏资料（实体馆藏书和电子馆藏书）；远程访问图书馆数据库；阅读并准确解读期刊书目；读懂在线目录的信息，以区分印本的期刊和电子版期刊；准确找到具体的一篇印本文章或者电子版文章；浏览学校图书馆网站。

第三，搜索。利用在线目录查找某一具体主题的图书，使用主题检索或者是关键词检索；利用在线目录查找已知作者或书名的书籍或期刊；利用期刊索引查找主题文章；查找关于视觉认知与设计的图片，利用多个图库资源，包括但不限于谷歌图片搜索；利用互联网查询权威的信息。

第四，评估与引用。利用具体的标准评估信息及其来源，如关联性、范围、权威性、准确性、客观性、时效性以及同行评审程序；分析搜索结果中的条目，并根据条目中的元素做出筛选（如日期、范围、来源）；严格按照规定的格式指南准确引用电子版或者出版的信息；合理引用信息及创意来源，避免出现抄袭情况；生成一个引用多学科的参考文献；总结、组织与合成所查信息；合法获得、存储及使用文本与信息，遵守相关版权规定；记录所有相关的引用信息，以便未来参考；使用多种方法管理引用信息。

第五，非图书馆资源。查明当地图书的获取方法，利用馆际互借服务或者是文献传递服务，来获取本地图书馆或机构没有的资料。

第六，主题。系统地选择和提炼主题；收集所需书目、百科全书和其他参考文献的背景信息，包括有关这一主题的具体术语；为获得所需信息，选择重点突出的主题和策略；为更有效地搜索，使用关键词和受控词表选择、提取术语；甄别描述所需信息的重要概念和关键词；检验最初的信息，修改、提炼问题。

第七，搜索方法和技巧。区分搜索引擎、研究数据库和图书馆在线目录，根据主题和所需信息选择合适的搜索方法；确定是需要搜索还是索引，是生成全文信息还是需要进一步研究，确定范围和限定，以及对有关结果可能性的影响；通过利用多种搜索类型有效使用搜索界面，如关键词、短语、标题和主题搜索；利用关键词搜索识别关于主题的术语，以便更有重点地搜索；利用搜索引擎、索引或者目录的功能限制或者扩大搜索结果；使用数据库的功能标记、保存、打印或者发送电子邮件，链接至全文；高效、耐心地浏览搜索结果列表；从不同角度分析搜索结果，如为什么会得到这些搜索结果，是否需要使用别的关键词搜索，搜索结果是如何排列的，搜索结果需要增加还是减少；若对搜索结果不满意，修改主题和搜索策略；判断搜索得到的信息是否满足研究要求或者是否满足应用需要。

第八，应用。处理所需的电子文本、图片和数据，并转移到新的使用环境中；清晰地表达出研究结果。

初级技能、知识及情感能力要求学生了解以下内容。图书馆员工的指导服务以及获得服务的地点；图书馆制度与程序，如打印、借书和续借的程序，复印和扫描的程序，自助借书、自助续借、自助阅览、在线管理图书馆账号的程序（因图书馆而异），图书流通程序（哪些可流通以及流通时间），通过文献传递服务获得资料的程序；图书馆的实体机构、部门（或多个图书馆的部门及藏书领域）；阅览的价值与方法（如目录、索引、索书号的重要性）；基本的搜索引擎、索引和图书馆目录，其中的信息存在的差异；使用不同的搜索引擎、索引和图书目录查找网页、文章和书目需要配合不同的搜索方法；抄袭的定义和后果；不同的搜索类型（主题搜索和关键词搜索）会出现不同的结果，以及各自的价值；区别同行评审学术期刊、行业杂志和通俗杂志的不同；参考文献或者"注脚追踪"的价值；全文本和书目数据库的区别；图书馆网站信息，包括图书馆员工准备和挑选的资料与链接；系列一般出版物和特定主题的出版物资源；其他图书馆资源及文献传递服务；文献传递服务所需时间；其他机构的资源（图书馆、博物馆、档案馆、专业协会等）；借还书的条件和时间；多种引用格式，如美国现代语言学会（MLA）的《MLA论文写作手册》等；阐述一个主题时有必要了解背景信息；信息搜索需要时间、耐心和实践。

（二）中级技能、知识及情感能力

中级技能、知识以及情感能力要求学生能够做到以下几点。选用适当的研究工具，查找不同资源及多种类型的资料；选择和设计研究的主题；根据需要精简检索方式；使用高级检索方式检索具体信息；针对研究方法设计出调查计划；使用可视化和打印信息支持自己的观点；辨认出有关文件和视觉资料版权的具体问题；认识教师、图书馆员工及其他可接触到的人士或机构，获取关于项目的建议和信息；针对长期项目使用适当的资源和方法（如广泛使用的馆际互借、与本领域学者的沟通、研究日志或日记等）；计划、记录、精简检索方式来完成时间为一学期的项目；归纳所获取的信息，归纳针对新情况的研究方法；在不同情况下使用各种信息时遵守道德和法律规范；使用布尔逻辑运算符以及其他高级检索方法检索具体信息；定期阅览最新书籍和期刊；查找最新上架读物；有序整理信息；使用其他图书馆或者国家、国际图书目录搜索其他资源，如利用世界图书馆书目判断出查找某一书目时催还、预约、申请一次馆际互借的效率；描述出具体项目中的检索过程，详细说明成功和失败的检索方法和策略；根据引用和参考来获得相关文章；认真搜索相关资源，不断提高准确性和对搜索能力的自信；切实考量研究和创造研究成果所需要的时间；分析信息的使用背景，以及使用背景如何影响信息和信息的解读。

中级技能、知识以及情感能力要求学生应该了解：研究主题所需要的资料，以及格式对资料实用性的影响；获取出版视觉文献许可的惯例；有关学校计算机使用及信息获取的规定。

（三）高级技能、知识及情感能力

高级技能、知识及情感能力要求学生能够做到以下几点。有效利用高级研究资源查找多种资料，如博士论文、未出版研究、艺术品、一次文献；有目的地使用网络搜索；查找关于某一问题的多方面信息，并检验其可信度；分析某一情境或主题（适应信息需要），分析方法包括认识所需信息的类型，选择相应的搜索来源，分析相关信息，选择最可靠的信息，保证查找结果满足要求选择切合主题的索引；提供具有说服力的论据证明所使用的信息来源的价值与可靠性；认识和获取所有与研究主题相适应的信息来源；区分个人解读与他人著作中的原创性贡献；认识到项目结束后留存的信息与待解读的问题；确认恰当的、适用于项目的原创或具有版权的资料，成功取得所有文字和视觉资料的法律许可（摄影作品、原创艺术作品等），恰当即意味着获得授权；根据研究主题，使用高级的检索策略在多种信息来源中检索信息；遵守版权原则；广泛收集关于某一问题的数据，培养从不同角度解决问题的能力；分析支持观点的论据和思路，分析其结构和逻辑；准确描述相关知识与信息，即使会对个人价值系统产生冲击或者违背中心论点。同时，高级技能、知识及情感能力要求学生对与研究有关的政策规定，如涉及以人类为研究对象时，获得许可时所需要满足的要求都要有所了解。

第三节　艺术信息素养能力的培养路径

一、我国艺术信息素养教育的现状与成因

在国内艺术类院校中，山东艺术学院、鲁迅美术学院、湖北美术学院、四川音乐学院、上海戏剧学院等陆续开设了文献检索课程，四川美术学院则通过讲座的方式尝试对学生进行信息素养教育。然而从相关报道来看，我国艺术信息素养教育的开展情况并不理想，主要表现为课程开设的持续性不够、课时偏少、理论课与实践课脱节、文献检索课与艺术专业课缺乏密切结合等问题。我国艺术信息素养教育落后的原因主要在于以下几点。

其一，艺术类院校对信息素养能力培养的重视不够。长期以来，艺术类院校存在着重技能训练而轻理论教育的倾向，师生对信息的有效需求不足，信息意识淡漠。

其二，艺术数字资源缺乏。传统的文献检索课程以印刷型检索工具书的使用为核心教学内容，这种方式因手工编制工具书耗时长、检索效率较低的原因，已逐渐被淘汰。在数字化时代，数字资源的检索与利用已成为信息素养教育的核心内容。然而艺术类院校在数字资源建设方面，普遍存在数据库总量偏少、专业性商业数据库缺乏、自建数据库规模较小且缺乏更新、艺术视角外文数据库严重缺乏等问题，这些不足严重制约了信息素养教育的开展。

其三，艺术文献检索教材缺乏。我国艺术文献检索教材仅有潘树广于1989年主编的《艺术文献检索与利用》和邓珞化、黄清、郭映红于2006年合编的《美术信息检索》两本教材。前者以印刷型检索工具书为主要内容，已无法适应数字化时代的需求。后者虽以数字资源为主要内容，但所收录的数字资源总量偏少，专业性数字资源尤其缺乏。

其四，艺术类图书馆人员短缺。有限的人力资源下难以安排专人从事信息素养教育，艺术类图书馆的工作人员基本在20至30人之间，其中多为兼职，教育背景主要以图书馆学为主，缺乏艺术专业背景，致使其授课内容难以同艺术专业密切结合。

二、艺术信息素养教育的重要性

（一）艺术信息素养教育丰富学生内心世界

艺术作品在创作过程中是充满思想和情感的，是一种奇思妙想，往往是"有感而发"的创作。学生当中不乏"思想者"，我们时常惊叹于学生大胆、新奇的想象并为之感动。艺术专业教师应了解学生心中所想、心中所愿并善于借助"艺术"这种"第二语言"将学生的"奇思妙想"情感内在化，鼓励学生将深刻的、晦涩的思想借直观生动的艺术形式予以阐释。年龄越小的学生希望借助艺术这种外在的形式表达内心情感的愿望越强烈，这就不难理解学生自小就喜欢美术、音乐，喜欢写写画画、唱唱跳跳，这一方面源自孩子的天性，另一方面则是孩子在心智发育尚未完全成熟的情况下将涂鸦、歌唱看作表达内心世界的"第二语言"。

（二）艺术信息素养教育培养学生高尚的审美情趣

学生将内心美好的思想情感通过直观的艺术形式加以体现似乎更符合他们的天性，可以帮助他们养成善于表达内心美好情感的态度与习惯。内心的美好、淳朴的心灵才会有善于发现美的眼睛。学生的天性是活泼好动的，他们乐于玩要、乐于发现、乐于探索。艺术创作活动有助于培养学生形成良好的思维习惯、心理素质、意志品质和高尚的审美情趣，这对培养学生的道德品质大有裨益。

（三）艺术信息素养教育让学生发现生活中的美

美来源于生活，让学生到户外写生，面对自然，面对生活，随性而不刻意。他们画自己所看到的景物，用心去感悟，去体验，将自己的生活经验、美好愿望融合在画面当中，让他们去体会艺术创作的乐趣，在"艺中游"，在"玩中艺""艺中玩"，不用一些条条框框去禁锢学生的头脑，让他们自由地去表达，在创作中体验"天马行空"的快感，我们只是根据学生个性的不同在艺术技巧和美学原则上予以适当的指导，让学生在艺术创作的过程中体验创作的乐趣和表达美好情感的乐趣。宋代朱熹曾说："教人未见意趣，必不乐学。"快乐是产生创作灵感的源泉。

三、艺术信息素养教育应该遵循的原则

（一）艺术信息素养教育要顺从学生的天性

明代王守仁在《训蒙大意示教读刘伯颂等》一文中认为，儿童的性情是喜欢玩耍而不喜欢拘束，教育儿童，一定要引导他们活泼地学习，使他们在学习时心情愉快，那么他们的进步才不会停止。不只是儿童，青少年、成人同样需要在快乐的心境下获得学习的进步。所以，让学生在"乐游"的过程中受到教育，进行学习，让学生感到喜悦，是一种行之有效的教育手段。那种望子成龙心切，不顾学生心理、生理发展特点对学生进行严格拘束和限制的父母和教师，只会让学生的智慧受到扼杀，而教育的目的却不能达到，这对学生生理、心理发育是极大的损害。当然，这种"玩"与"乐"并不是无目的的玩与乐，而是学生在愉悦的情境下带着好奇心、探索的精神去体会学习的乐趣，通过教师的有效引导让学生感到学习并不是枯燥无味的。绘画、手工、音乐艺术创作也同样作为一种行之有效的思考的方式，在艺术活动中反映他们的情感思想，而且这种思考有助于他们对所学习的内容进行回顾，进行总结，温故而知新，举一而反三，事半而功倍。

（二）艺术信息素养教育要用美洗涤心灵

正确引导学生善于观察生活、体验生活、理解生活，善于运用一双发现美的眼睛通过手中的画笔去表现生活，表达情感。当学生内心充满感恩，将内心丰富的思想情感用画笔表达出来的时候，这幅作品也就具有了生命力，这也是

为什么我们往往会对学生情感真挚的作品充满了惊叹与感动。惊叹于他们天马行空的想象力，感叹于他们淳朴而真挚的情感，内心的美好才会有生动的作品。人们常说，文如其人，诗如其人，画如其人，有胸襟、有气度，懂得感恩的人才能创作出有生命力的作品，有生命力的作品反映了一个人的胸襟与气度，学生将来不一定从事专业的美术创作，但一定要有审美的品位，具有艺术修养与艺术气质，艺术学习的最终目标是陶冶性情，提升人格修养与品味，从而形成豁达的胸襟与气度。正如唐代画家张璪所提出的，"外师造化，中得心源"。孔子所说的"文质彬彬，然后君子"。艺术重"意在言外"，讲究"意境深远"，与高尚的道德情操、豁达的胸襟与气度相辅相成，有异曲同工之妙。

（三）艺术信息素养教育要专注于人格教育

学习技巧只是艺术创作中的一个方面而并非全部，学生将来即便不是艺术家，也至少是具有艺术素养的公民。高尚的艺术熏习有助于正直人格的形成。崇尚心灵的艺术创作强调的是艺术作品如何陶冶情操，一幅艺术作品总是引领我们感受其"意在言外"，意在创作的动机、思想和感情，创造过程中对美的感受以及人格的升华。艺术创作的过程对于人的心灵是由内而外的洗礼，将质朴纯真的内在情感外化为生动美妙的外在形象，这种心灵的教育教会我们尊重每一位创作者，尊重他们的生活经历，尊重他们真诚的情感流露，尊重他们用自己独特的方式、独立的思考去表达对美的感悟，从而变得更加自信，在"游于艺"的过程中学会关爱他人、关爱社会，学会与世界和谐共处。这也是我们尊崇当今的心灵教育所倡导的：在艺术的熏习中体现正直的人格。

四、艺术信息素养能力培养的建议

（一）提升信息素养认识，加强信息素养的宣传

在现阶段，有些高校根本没有认识到信息素养能力是学生必备的技能，也根本没有将其当作教育的主要内容，这就导致了学生尤其是艺术类高校的学生对于信息素养能力对自己学习、工作的重要性认识不足。因此，学校应该增强对于信息素养能力的宣传力度，在校园中营造出良好的信息文化氛围，在学生不断提升自身认识的基础上，直接或间接地提升学生的认识。加强计算机与其他信息化技术的使用程度，潜移默化地让学生自动获取信息、识别信息、利用信息，最终形成自觉使用信息化手段来解决问题的习惯，实现信息素养的有效提升。

（二）改善教学手段，完善课程结构

结合艺术类高校学生自身和专业特点，改善传统的教学手段，多采用现代化、信息化教学技术和手段，目标明确，努力提升学生信息素养。在教学过程中多引导学生自主识别信息、判断信息、使用信息，最终解决问题。让学生成为主体，改变旧的学习方式，充分利用学校提供的软硬件资源，变被动学习为主动学习，慢慢实现学生信息素养的提升。现阶段艺术类院校的课程结构还是以传统的课程为主，虽然校园环境在不断朝向信息化、智慧化校园迈进，但是课程体系结构远没有跟上信息化的脚步，因此在改善教学手段的同时，也应该对课程结构进行完善。

（三）提高教师自身的信息素养，营造"软硬件"整体环境

要想教育学生，教师自身应该有过硬的信息素养。教学环境本身信息素养的水平主要取决于教师自身具有的信息素养，教师在教学过程中采用信息化手段教学直接影响对学生信息素养的培养。目前，高校教师在教学中有很多人还没有掌握信息化的教学手段，这种情况在艺术类院校中更加突出。在现代社会中，高校教师要能够适应现代化的教学模式，培养学生的信息素养，就应该与时俱进地掌握现代化的教学手段与技术。为实现学生信息素养的提高，教师必须与时俱进，不断学习新知识、新技术，并融入教学中，不断提高自身信息素养，提升课程整体信息技术应用环境。

（四）充分利用现有资源，不断加强资源库建设

艺术类院校要充分利用其专业特色。例如，南京艺术学院在数字资源库建设方面走在了艺术类院校的前列，现已开通网络教学平台并免费对学生开放。艺术类高校的学生更应该利用好这个环境，充分发挥主观能动性，积极利用好现有资源，努力提升自身的信息素养。同时学校应结合各学院、各专业特色，建立特色资源库，形成网络课程体系，为学生提供更为高效、便捷的交互式学习平台。

参考文献

［1］袁曦临．信息检索 [M].5 版．南京：东南大学出版社，2011.

［2］郑瑜，魏毅，李晓霞，等．信息检索教程 [M]．北京：人民邮电出版社，2012.

［3］张基温，董兆军，史林娟，等．信息素养大学教程：知识篇 [M]．北京：人民邮电出版社，2013.

［4］高新陵，吴东敏．科技文献信息与科技创新 [M]．南京：河海大学出版社，2013.

［5］彭奇志，林中．信息资源检索策略与分析 [M]．南京：南京大学出版社，2013.

［6］明均仁，李爱明，曹鹏，等．信息检索 [M]．北京：人民邮电出版社，2014.

［7］刘湘萍，李建波，赵春玲，等．科技文献信息检索与利用 [M]．北京：冶金工业出版社，2014.

［8］戴庆，熊馨，林洁梅．信息检索与应用 [M]．北京：人民邮电出版社，2014.

［9］李其港，陈雪，柏珺．文献检索实用技术 [M]．北京：人民邮电出版社，2014.

［10］王立诚．科技文献检索与利用 [M].5 版．南京：东南大学出版社，2014.

［11］周玉陶．人际网络环境下的信息检索 [M]．南京：东南大学出版社，2014.

［12］王勇，肖泽干，杨坤．文献信息检索教程 [M]．北京：中国传媒大学出版社，2015.

［13］谭迺立．信息素质教育 [M]．北京：人民邮电出版社，2015.

[14] 李宇 . 信息资源管理与应用 [M]. 北京：国家行政学院出版社，2015.

[15] 王细荣，丁洁，苏丽丽 . 文献信息检索与论文写作 [M].6 版 . 上海：上海交通大学出版社，2017.

[16] 杨新涯 . 图书馆文献搜索研究 [M]. 重庆：重庆大学出版社，2015.

[17] 孙波，孙昊 . 科技信息检索 [M]. 重庆：重庆大学出版社，2015.

[18] 穆安民 . 科技文献检索实用教程 [M].4 版 . 重庆：重庆大学出版社，2015.

[19] 杨韧，程鹏，姚亚锋，等 .SEO 搜索引擎优化：基础、案例与实战 [M]. 北京：人民邮电出版社，2016.

[20] 王琳，陈军，何谋忠 . 信息检索与利用 [M]. 兰州：甘肃文化出版社，2016.

[21] 李贵成，张金刚 . 信息素养与信息检索教程 [M]. 武汉：华中科技大学出版社，2016.

[22] 陈戴 . 信息资源建设研究 [M]. 上海：上海科学技术文献出版社，2016.

[23] 张怀涛，岳修志，刘巧英 . 信息检索简编 [M]. 武汉：武汉大学出版社，2016.

[24] 张波 . 信息检索与利用 [M]. 西安：陕西师范大学出版社，2016.

[25] 陈振标 . 文献信息检索、分析与应用 [M]. 北京：海洋出版社，2016.

[26] 郑杰 .SEO 搜索引擎优化：原理 + 方法 + 实战 [M]. 北京：人民邮电出版社，2017.

[27] 柳宏坤，杨祖逵，苏秋侠，等 . 信息资源检索与利用 [M]. 上海：上海财经大学出版社， 2017.

[28] 陆和建，康媛媛，陈云光 . 信息检索与利用 [M]. 芜湖：安徽师范大学出版社，2017.

[29] 陈晓红 . 大数据时代的信息素养教育理论与实践 [M]. 成都：西南交通大学出版社，2017.

[30] 樊瑜 . 现代信息检索与利用 [M]. 武汉：华中科技大学出版社，2018.

[31] 常亚青 . 信息资源与包容性发展 [M]. 上海：华东理工大学出版社，2018.

[32] 张敏生，吴太斌 . 信息检索与利用 [M]. 西安: 西安电子科技大学出版社，2018.

［32］端木艺．实用信息资源检索与利用 [M].南京：南京大学出版社，2017.

［34］颜惠，冯进．实用科技信息资源检索与利用 [M].4 版．南京：南京大学出版社，2018.

［35］张稚鲲，李文林．信息检索与利用：中医院校用 [M].3 版．南京：南京大学出版社，2019.

［36］李媛．大数据时代个人信息保护研究 [M].武汉：华中科技大学出版社，2018.

［37］姚中平，张善杰，李军华．现代信息检索 [M].上海：上海交通大学出版社，2019.

［38］程东立．图书馆信息检索与资源共享教材 [M].北京：中国商业出版社，2019.

［39］叶春蕾，陈娜，林莉．信息检索与知识利用 [M].北京：中国农业科学技术出版社，2019.

［40］康桂英，明道福，吴晓兵．大数据时代信息资源检索与分析 [M].北京：北京理工大学出版社，2019.

［41］崔娜．文献检索与利用 [M].郑州：黄河水利出版社，2019.

［42］康桂英．大数据时代大学生信息素养与科研创新 [M].北京：北京理工大学出版社，2019.